일제강점기 조선총독부 편찬

초등학교 <唱歌> 교과서
대조번역 (中)

『みくにのうた』
『初等唱歌』

김순전
사희영 · 박경수 · 문현일
장미경 · 박제홍 · 김서은

제이앤씨
Publishing Company

≪ 總 目 次 ≫

『初等唱歌』 第一學年
『초등창가』 제1학년

『初等唱歌』第二學年
『초등창가』 제2학년

『初等唱歌』第三學年
『초등창가』 제3학년

「初等唱歌」 第四學年
『초등창가』 제4학년

『初等唱歌』 第五學年
『초등창가』 제5학년

『初等唱歌』第六學年
『초등창가』제6학년

序 文

1. 조선총독부 편찬
『초등학교 〈唱歌〉 교과서 대조번역』 발간의 의의

본서는 일제강점기 조선총독부에 의해 편찬된 관공립 초등학교용 〈唱歌〉 교과서 『新編唱歌集』(1914, 전학년용, 1권), 『普通學校唱歌書』(1920, 4권), 『普通學校補充唱歌集』(1926, 전학년용, 1권), 『みくにのうた』(1939, 전학년용, 1권), 『初等唱歌』(1939~41, 6권), 『ウタノホン』(1942, 2권), 『初等音樂』(1943~44, 4권) 등 총19권의 〈唱歌〉 교과서에 대한 〈대조번역서〉이다.

교과서는 국민교육의 정수(精髓)로, 한 나라의 역사진행과 불가분의 관계성을 지니고 있어, 어느 시대든 교과서 입안자의 의도는 물론이려니와 그 교과서로 교육받은 세대(世代)가 어떠한 비전을 가지고 새 역사를 만들어가려 하였는지 알아낼 수 있다. 이에 소멸되거나 산재되어 있는 일제강점기 공교육의 기반이 되었던 교과서를 하나씩 찾아내어 새로이 원문을 구축함과 더불어 이를 번역 출판하는 작업은 '敎育은 百年之大計'로 여기고 공교육을 계획하는 국가 교육적 측면에서도 매우 중요한 일일 것이다.

주지하다시피 한국의 근대는 일제강점기를 전후한 시기와 중첩되어 있어 정치, 경제, 사회, 문화, 교육 등등 모든 방면에 이르기까지 일제의 영향을 배제하고는 생각하기 어렵다. 이는 특히 교육부문에서 두드러지게 나타난다. 근대교육을 여는 시점에서부터 일본의 간섭이 시작됨에 따라 한국 근대교육은 채 뿌리를 내리기도 전에 교육정책과 교육과정의 수립은 물론, 공교육을 위한 교과서까지도 일제에 의해서 이루어졌다.

때문에 본 집필진은 이미 수년 전부터 일제강점기 조선총독부 편찬 초등교과서의 발굴 및 복원 정리와 연구에 진력하였다. 그 결과 당시 주요 교과였던 〈修身〉 교과서 전권(全卷)의 원문서와 번역서를 출간한 바 있으며, 〈國語(일본어)〉 교과서 전권에 대한 원문서와 번역서의 출간을 지속적으로 진행하여, 현재 원문서의 경우 거의 마무리단계에 와 있다. 또한 이들 교과서에 대한 집중연구의 결과는 이미 연구서로 출간되어 있는 상태이다.

본서 조선총독부 편찬 『초등학교 〈唱歌〉 교과서 대조번역』의 발간은 이러한 작업의 일환이면서도 나름의 상당한 의미를 내포하고 있다. 이는 아동기 〈唱歌〉 교육의 효과가 전파성이나 지속성 면에서 여타 교과목에 비해 월등한 효과를 드러낼 뿐만 아니라, 아동기에 배우고 따라 불렀던 노래가 아동기 바로 그 자체였던 만큼, 그 백지의 영혼에 입력된 기억은 생을 다할 때까지 어떤 형태로든 인간의 思考에 크게 작용하기 때문이다. 인간의 라이프사이클 중 노년기에 들어 기억력이 급격히 감퇴되거나, 혹은 치매 등으로 대부분의 기억을 잃었다 해도 아동기에 배우고 따라 불렀던 노래만큼은 생생하게 기억하고, 또 그것이 일평생의 정서세계나 행동양식을 좌우하게 된다는 사실에서도 쉽게 알 수 있는 부분일 것이다.

식민지 공교육제도 안에서도 가장 기초적인 교육기관인 초등학교에서의 〈唱歌〉 교육은 식민지교육의 최고 목표인 '同化' 혹은 '皇民化' 측면에서 여타의 교과목에 비해 월등한 강점이 있다. 〈唱歌〉 교과서에 수록된 곡의 면면을 살펴보면, 가장 일본적인 색채가 농후한 선율에 율격 또한 '와카(和歌)'나 '하이쿠(俳句)'의 기본율격[1]에서 파생된 7・5조의 일본식 율격을 취하고 있는데, 이러한 7・5조 율격이 일제강점기를 전후하여 문명의 기치를 내건 동화정책의 일환으로 일반인들의 정서에까지 침투되었다. 가사내용을 보아도 〈修身〉 교과서와 〈國語〉 교과서에 수록되어 있는 운문에 곡조를 붙인 〈修身唱歌〉나 〈讀本唱歌〉가 상당수 있으며, 또 산문의 경우도 7・5조 율격의 詩語로 축약하여 곡조를 붙여 수록한 것도 이에 못지않다.

이들 내용 대부분이 식민지 동화교육의 핵심이라 할 수 있는 국가 이데올로기 혹은 천황・천황가와 연관된 내용이라는 점에서 〈唱歌〉 교육은 일본정서의 이식에 매우 유효하였다. 일제가 초등학교 〈唱歌〉 교과서에 식민지 교육정책의 핵심을 담아 황국신민육성을 꾀하였던 것도, 식민지 말기로 갈수록 〈唱歌〉과의 비중이 점차 커져갔다는 것도 바로 이러한 까닭에 연유한다 할 것이다.

이처럼 식민지 초등음악교육은 실로 일제가 식민지 지배질서 확립을 위하여 추진하였던 문화정책 중에서도 매우 큰 비중을 차지하고 있었다. 무엇보다도 접근성의 유리함과 반복 가창 구전됨으로써 신속하고 지속적인 효과를 얻을 수 있다는 점에서 일제는 이의 효과적인 운용을 위하여 각종 법령으로 뒷받침하고 이를 시스템화 하였다. 일제에 의해 시작된 이

---

1) 7・5조 전통은 일본 고유의 詩歌 형식인 5・7・7조(片歌), 5・7・5・7・7조(短歌), 5・7・5・7・5・7 ~ 5・7・7조(長歌)의 '和歌' 음수율에서 파생된 5・7・5의 17음만으로 이루어지는 '俳句' 음수율에 근거한다. 明治이후 서양음악 도입에 따라 화양절충(和洋折衷)되어 일본식 율격으로 정착된 7・5조의 율격은 이러한 '하이쿠'의 음수율에서 기인한다. 그것이 때로는 4・3・5조나 3・4・5조로 분화되거나 음수를 가감하는 율격으로 나타나기도 하지만, 전체적인 리듬 안에서 7・5조의 율격으로 그 자리를 굳혀 갔다.

모든 음악적 시스템이 근대 한국의 초등음악으로 정착되어 오늘날까지 이어지고 있다는 사실은 실로 안타까운 현실이 아닐 수 없다.

본서의 출판은 이러한 과거의 뼈아픈 역사의 재음미라기보다는 아직까지도 제대로 정리되거나 연구되지 않은 기초학문분야에 대한 정리와, 일본 국수주의자들의 식민지발전론과 같은 논리를 불식시키는 이론적 토대를 확립하는데 있다.

한국이 일본에 강제 병합된 지 어언 100년이 지나버린 이 시점에서, 과거 민족의 뼈아팠던 기억은 그 시대를 살아온 선인들이 점차 유명을 달리하게 됨에 따라 갈수록 희미해져 가고 있다. 국가의 밝은 미래를 그려보기위해서는 지난날의 힘들고 어려웠던 고빗길을 하나하나 되짚어 보는 작업이 선행되어야 함에도, 현실은 급변하는 세계정세를 따르는데 급급하여 이러한 작업은 부차적인 문제로 취급되고 있는 실정이다. 물론 여기에는 관련 자료발굴이나, 일본어 해독의 난해함에서 오는 접근성의 어려움 등도 하나의 원인으로 작용하였으리라고 본다. 그렇지만 과거를 부정하는 미래를 생각할 수 없기에 이러한 작업이 무엇보다도 우선시되어야 할 필요성을 더욱 절감하는 것이다.

최근 일본에서는 국가주의를 애국심으로 환원하여 찬양하려는 움직임이 다시 태동하고 있는데, 이같은 일본의 자세에 대해 감정적이 아닌 실증적인 자료 제시의 필요성을 느낀다. 본서 **조선총독부 편찬 『초등학교 〈唱歌〉 교과서 대조번역』**은 이에 대한 실증적 자료가 될 것이다. 또 이를 통하여 초등학교 음악교육의 목적과 진행방식을 널리 알릴 수 있음은 물론이려니와, 이의 연구자들에게는 실증적 연구의 토대로 제공될 수 있을 것이다.

2. 일제강점기 초등음악교육의 전개와 〈唱歌〉 교과서

2.1 식민지 초등음악교육의 전개

한국에서 초등학교 음악교육의 역사는 통감부에 의한 '학교령시행기'[2]인 1906년 8월 이후 시작되었다고 보는 것은 1906년 8월 공포된 〈普通學校令〉에 의하여 한국 초등학교에 〈唱歌〉 교과가 설정되었기 때문이다. 이 법령에 "時宜에 따라 唱歌科目를 채택할 수 있도록"하는 조항을 둠으로써 비로소 초등교과목에 '창가' 과목이 배정되어 공식적인 음악교육이 시작되었다. 그러나 당시의 음악교육 환경은 국권회복이라는 시대적 과제가 놓여있는 데다가, 전통적으로 노래를 홀대하던 사회 분위기였던 탓에 열악하였다. 교육법령에 의하여 〈唱歌〉 과목이 배정되기는 하였지만, 음악교과직제도 없었으며, 이를 운영할 만한 여건도 되지 못했다. 음악교사는 물론이고 음악교사 양성기관조차 없었으며 음악교과 도서와 음악교육 기자재 또한 전혀 갖추어지지 않아, 그야말로 '時宜에 따라' 운영할 수밖에 없는 처지였다. 때문에 당시 학교음악은 교과목표에서부터 명칭, 과정, 음악교과용도서, 음악교사양성방침 등 음악교육에 관련된 제반 사항은 통감부가 정한 방향에 따를 수밖에 없었다.

일본의 초등학교 예능과 음악의 기초가 된 것은 1891년 11월, 〈文部省令〉에 의해 개설된 소학교의 〈唱歌〉과이다. 당시 〈小學校教則大綱〉 제10조를 보면 "唱歌는 귀 및 발성기를 연습시켜, 용이하게 歌曲을 부를 수 있게 함과 아울러 音樂의 美를 분별하여 알게 하고 덕성을 함양하는 것을

2) 대한제국은 1906년 4월부터 각종 '勅令'과 '學部令'을 공포하였다. 그 중 음악교과와 관련된 법령은 〈고등여학교령시행규칙〉(1906.4 학부령 제9호), 〈보통학교령〉(1906.8 칙령 제44호), 〈보통학교령시행규칙〉(1906.8 학부령 제23호), 〈고등학교령시행규칙〉(1906.8 학부령 제21호), 〈사범학교령〉(1906.8 학부령 제20호)이다.

요지로 한다."는 것으로 〈唱歌〉과의 목적을 명시하고 있다. 이어서 1900
년 8월, 개정된 〈小學校令〉의 〈小學校令施行規則〉 제9조를 보면 "창가는
평이한 가곡을 부를 수 있게 함과 아울러 음악의 미를 기르고 덕성의 함양
에 도움되는 것을 요지로 한다."고 기록되어 있는데, 이 조문은 그대로
조선에서 〈普通學校令施行規則〉이 되었다.

한국 초등학교에서 공식적으로 음악교과서가 사용된 것은 1906년 학교
교육제도가 일본식으로 개편된 이후이다. 그러나 〈唱歌〉 교과서는 대한
제국 학부에서 직접 편찬하지 않고 일본에서 사용한 『尋常小學唱歌』
(1906)를 수입하여 1908년 '학부인가교과도서'로 지정하여 사용하였다. 그
러니까 관공립학교에서 처음 사용된 『新編教育唱歌集』은 일본에서 만들
고 일본에서 사용한 음악교과서를 그대로 옮겨온 것에 불과하다.

일제강점기 이전에 조선의 공교육에 사용한 최초의 음악교과서는 1910
년 5월 20일 대한제국 學部에서 편찬한 한글판 『普通教育唱歌集』이다. 『普
通教育唱歌集』은 한국에서 발행한 〈唱歌〉 교과서로서는 최초의 것이라고
는 하나, 이 역시 일본 교과서에 수록된 곡에서 선별하여 번역 출간한 것
이었다. 일본 전래의 노래, 메이지(明治)기 서양음악을 도입하여 화양절충
(和洋折衷)된 곡, 일본정서가 뚜렷한 곡들을 번역 수록하여 일본적 정서에
흡수 동화시키고자 함이었다. 이러한 의도는 책머리의 '例言'에 내포되어
있다.

　一 本書는普通學校,師範學校,高等學校,高等女學校等其他一般諸學校에서教
　　　授할目的으로써編纂훈者이라
　二 本書는教師用又는學員,學徒用으로使用홈을得홈이라
　三 本書는學校에셔教授홀뿐아니라家庭에셔使用홈도亦可홈이라3)

3) 學部(1910), 『普通教育唱歌集』, 韓國政府印刷局, p.1

위 '例言'의 대상을 보면 보통학교는 물론이려니와 사범학교, 고등학교, 고등여학교를 포함한 모든 학교의 학생과 교사용이라 명시되어 있어 보통학교 학도만을 위한 『普通敎育唱歌集』이 아님을 표명하고 있으며, 심지어는 가정에서도 사용함을 목적으로 하였던 만큼, 기존의 음악관련 서적을 일소하려는 정책적 측면을 드러내고 있다. 여기에 식민지 음악교육의 통제와 일본식 정서주입이라는 이중의도가 담겨 있음을 알 수 있다.

1910년 8월 합병 이후부터는 식민지 초등음악 교육목적에 따라 조선총독부가 편찬한 〈唱歌〉 교과서를 관공립학교를 중심으로 사용하게 된다. 여기에 식민지 초등음악 교육목적이 고스란히 담겨 있으며, 식민지 말기로 갈수록 점차 강화된 면을 보인다. 이는 4차례에 걸친 시기별 〈朝鮮敎育令〉(이하 敎育令)의 초등학교 규정에 구체적으로 드러나 있는데, 각 규정 공히 그들의 음악적 정서 이식을 전제하고 있어, 음악교육을 통하여 문명국으로 흡수형식의 동화, 나아가서는 황국신민화를 꾀하고 있었음이 파악된다. 각 교육령시기별 음악교육에 관한 법령을 〈표 1〉로 정리하였다.

〈표 1〉 〈朝鮮敎育令〉 시기별 음악교육규정

교육령 (공포일)	법 적 근 거	내 용
1차 (1911.8.23)	보통학교규칙 13조 조선총독부령 제100호 (1911.10.20)	* 창가는 평이한 가곡을 부를 수 있어야 하며, <u>심정을 순정하게 하고 덕성을 함양하는 것</u>을 요지로 한다. * 창가는 단음창가를 가르쳐야 하며, 그 가사 및 악보는 平易雅情하여 <u>아동의 심정을 쾌활순미하게 기를 수 있는 것</u>을 선택하여야 한다. * 창가를 가르칠 때에는 난해한 가사에 대하여 설명을 덧붙이고 <u>그것의 大義를 了解할 수 있도록</u> 하여야 한다.
2차 (1922.2.4)	보통학교규정 17조	* 창가는 平易한 가곡을 부를 수 있어야 하며, 또한 미적인 감각을 기르고 덕성을 함양하는 것을 요

	조선총독부령 제8호 (1922.2.20)	지로 한다.
3차 (1938.3.3)	소학교규정 26조 조선총독부령 제24호 (1938.3.15)	* 창가는 平易한 가곡을 부를 수 있어야 하며, 심정을 순정하게 하고 덕성을 함양하는 것을 요지로 한다. * 심상소학교에서는 단음창가를 부를 수 있어야 하며, 점차 나아가서는 평이한 복음창가를 불러도 무방하다. * 가사 및 악보는 平易하면서도 단아하고 바르게 하여 아동은 심정을 쾌활순미하도록 해야 한다. * 가사는 될 수 있는 대로 황국신민으로서의 情操를 함양하는데 적절한 것을 골라서 취하도록 한다.
4차 (1943.3.8)	국민학교령 (1941) 국민학교규정 15조 (1941.3.1) 조선총독부령 제90호 (1943.3.31)	* 예능과의 음악은 가곡을 바르게 가창하고 음악을 감상하는 능력을 길러서 황국신민으로서의 정조를 순화하는 것으로 한다. * 초등과는 평이한 단음창가를 부과하며, 적절하게 輪창가 및 중음창가를 추가하고 음악을 감상시키도록 해야 한다. * 또 악기지도도 할 수 있으며, 창가와 관련하여 적절하게 악전의 초보를 가르쳐야 한다. * 가사 및 악보는 국민적이어서 아동의 심정을 쾌활, 순미하게 하고 덕성을 함양하는데 기여하도록 해야 한다. * 아동의 음악적 자질을 계발하여 고상하고 우아한 취미를 함양하며 국민음악창조의 토대가 되도록 해야 한다. * 발음과 청음의 연습을 중시하여 자연적인 발성에 따르는 올바른 발음을 하도록 하며, 또한 음의 고저, 강약, 음색, 율동, 화음 등에 대하여 예민한 청각을 육성하도록 해야 한다. * 축제일 등의 창가에 대해서는 주도면밀한 지도를 하여 경건한 念을 기르며, 애국의 정신을 앙양하도록 힘써야 한다. * 학교 행사 및 단체행동과의 관련에 유의하여야 한다.

규정상 표면에 드러나 있는 음악교육의 요지를 보면, 〈一次 敎育令〉 시기에는 아동의 미적 감각과 덕성함양에 중점을 두었고, 난해한 가사에 대해서는 설명을 덧붙여 大義를 이해할 수 있도록 하였다. 〈二次 敎育令〉 시기는 문화정치가 시행되었던 까닭에 〈一次 敎育令〉 시기에 비해 다소 완화된 면을 보여주고 있다. 그러다가 중일전쟁(1937)을 계기로 본격적인 전쟁기로 접어든 〈三次 敎育令〉 시기에서부터 크게 일변한다. 기존의 규정에 '황국신민으로서의 情操를 涵養하는데 적절한 것을 취하도록' 하는 규정을 더하여 〈唱歌〉과 역시 황국신민으로의 연성이 크게 부각되어 있다.

식민지 초등음악교육규정의 획기적인 변화는 〈四次 敎育令〉의 〈國民學校規定〉에서 찾아볼 수 있다. 〈표 1〉에서 알 수 있듯이 〈四次 敎育令〉 시기는 무엇보다도 '二世國民의 國民化를 위한 國民音樂의 創造'에 그 목적을 두고 있어 가사 및 악보를 취하는 것에서부터 발음과 청음연습, 예민한 청각육성이 실전에 대비한 교육임을 말해주고 있다. 특히 '축제일 등의 창가(의식창가)에 대한 주도면밀한 지도로 애국정신 앙양을 도모하는 내용의 규정을 삽입하여 실전을 대비한 정신교육을 강조한 것도 간과할 수 없는 부분이라 하겠다.

2.2 일제강점기 〈唱歌〉 교과서와 주당 교수시수

조선총독부는 〈표 1〉의 시기별 음악교육규정을 바탕으로 〈唱歌〉 교과서를 편찬하였고 이를 공교육 현장에서 교육함으로 의도된 교육목적을 점진적으로 달성해 나갔다. 무엇보다 주목되는 점은 사용언어의 표기일 것이다.

일제강점기 조선총독부에 의해 편찬된 〈唱歌〉 교과서는 강점초기 일본어에 익숙하지 못한 식민지 아동의 접근성을 고려하여 『新編唱歌集』(1914)과 『普通學校唱歌書』(1920) 1학년용에 한하여 한글표기 곡을 일부

수록하였을 뿐, 대부분이 일본어표기로 되어 있다. 다만 〈二次 敎育令〉시기에 보충교재로 발간한 『普通學校補充唱歌集』(1926)에 23곡을 수록하였던 것은 3·1운동 이후 조선총독부의 정책방향이 문화정책으로 선회하였던 까닭에 조선인의 정서를 감안한 것으로 볼 수 있겠다.

　〈三次 敎育令〉 이후의 〈唱歌〉 교과서는 전면 일본어표기로 되어 있어 한글표기 곡은 전무하다. 이는 본격적으로 그들의 음악적 장치에 언어적 이데올로기 주입을 획책하고 있었음을 말해주고 있다. 각 교육령 시기별 〈唱歌〉 교과서의 편찬과 수록곡에 대한 사항을 〈표 2〉로 정리하였다.

〈표 2〉 조선총독부 발간 〈唱歌〉 교과서의 편찬사항과 수록곡 분류표

시기	교 과 서 명	발행 년월	일본어창가		조선어 창가(%)	계	비고
			의식창가(%)	일반창가(%)			
1차	新編唱歌集(전학년)	1910. 5	6(6.8)	29(70.7)	6(6.8)	41	일본어, 한글
	普通學校唱歌書(1學年)	1920. 3	1(5.0)	11(55.0)	8(40.0)	20	
	普通學校唱歌書(2學年)	〃	2(10.5)	17(89.5)	-	19	일본어
	普通學校唱歌書(3學年)	〃	6(26.1)	17(73.9)	-	23	〃
	普通學校唱歌書(4學年)	〃	6(26.1)	17(73.9)	-	23	〃
2차	普通學校補充唱歌集	1926. 1		37(61.7)	23(38.3)	60	일본어, 한글
3차	みくにのうた(전학년)	1939. 3	11(100)	-		11	일본어
	初等唱歌(1學年)	〃	-	25(100)		25	〃
	初等唱歌(2學年)	〃	-	25(100)		25	〃
	初等唱歌(3學年)	1940. 3	-	25(100)		25	〃
	初等唱歌(4學年)	〃	-	25(100)		25	〃
	初等唱歌(5學年)	1941. 3	-	25(100)		25	〃
	初等唱歌(6學年)	〃	-	25(100)		25	〃
4차	ウタノホン 一年(1學年)	1942. 9	1(4.8)	20(95.2)	-	21	〃
	ウタノホン 二年(2學年)	1942. 10	2(9.1)	20(90.9)	-	22	〃
	初等音樂(3學年)	1943. 3	6(21.5)	22(78.5)	-	28	〃
	初等音樂(4學年)	〃	6(21.5)	22(78.5)	-	28	〃
	初等音樂(5學年)	1944. 3	7(24.1)	22(75.9)	-	29	〃
	初等音樂(6學年)	〃	7(24.1)	22(75.9)	-	29	〃
총 　 수 록 곡			61 (12.1%)	406 (80.6%)	37 (7.3%)	504	

또 하나 간과 할 수 없는 것은 일본적 정서와 제국주의적 성격이 가장 두드러진 의식창가(儀式唱歌)를 위와 같이 전 시기 각권에 공통 수록하여 국체인식은 물론, 군국일본을 위한 충성심을 유도하였다는 점이다.

모두 3편으로 구성된 『新編唱歌集』의 제1편은 「君が代」, 「一月一日」, 「紀元節」, 「天長節」, 「勅語奉答」, 「卒業式」 등 6곡의 의식창가가 수록되어 각 학년 공히 교육되었다. 『新編唱歌集』이 전학년용인데 비해, 학년별 교육의 필요성에 의해 1920년 1월 편찬된 『普通學校唱歌書』는 전4권으로 편성되어 있다. 수록된 의식창가는 제1학년용에 『君が代』, 제2학년용에는 「君が代」와 「天長節」, 제3학년과 4학년용에는 「君が代」, 「一月一日」, 「紀元節」, 「天長節」, 「勅語奉答」, 「卒業式」 등 6곡이 수록되어 있다. 이는 조선아동이 다니는 보통학교의 교육과정이 4년제이면서도 실제로는 3년으로 단축된 학교가 많았던 점에 착안한 조선총독부가 보통학교 3년 과정에서 의식창가를 모두 익힐 수 있게 하려는 의도였을 것이다.

베네딕트 앤더슨이 『상상의 공동체』에서 "아무리 가사가 진부하고 곡이 평범하다 하여도 國歌를 부르는데서 同時性을 경험할 수 있다."[4]고 하였듯이, 학교에서 배워 실생활에까지 연계하는 의식창가는 각기 다른 장소이거나 서로 모르는 사이일지라도 同時性, 즉 일체감을 유발함과 아울러 전파성 지속성 등 초등음악교육의 효과를 배가하였다. 가장 일본적인 의식창가를 통하여 조선아동에게 일본정서를 심어주고, 아울러 반복 가창 혹은 제창하게 함으로 교육의 극대화를 꾀하였다.

이러한 점에서 내선일체와 황민화에 교육목적을 두었던 〈三次 敎育令〉 시기에 별책으로 발간된 『みくにのうた』(1939, 전학년용)는 기존의 의식창가에 「神社參拜唱歌」와 당시 제2의 國歌로까지 불렸던 「海ゆかば」, 군가적 성격을 띤 「愛國行進曲」 등을 새로이 추가함으로 전쟁에 대한 의기

---

4) 베네딕트 앤더슨·윤형숙 역(2002), 『상상의 공동체』, 나남출판, p.188

를 고치시키기도 하였다. 그러다가 〈四次 教育令〉 시기에는 다시 각 학년별로 적게는 1곡, 많게는 7곡까지 반복 수록하여 교육함으로써 의식교육의 지속성을 유지하였다.

이와 더불어 교육된 『初等唱歌』(1939~1941)의 「愛馬進軍歌」,「國民進軍歌」,「空の勇士」,「興亞行進曲」,「太平洋行進曲」 등이나,『ウタノホン』(1942)의 「兵たいさん」「ヒカウキ」,「軍カン」,「テツカブト」,「おもちゃの戦車」 등,『初等音樂』(1943~1944)의 「忠靈塔」,「戰友」,「大東亜」,「少年戰車兵」,「肇國の歌」,「落下傘部隊」 등이 군가적 성격이 농후한 단원은 궁극적으로 황국신민양성, 즉 전쟁동원을 위한 인력양성을 목적으로 하였음을 알 수 있다.

다음은 각 교육령별 주당 교수시수이다.

〈표 3〉 각 교육령 시기별 주당 교수시수

시기 과목/ 학년	제1차 조선교육령				제2차 조선교육령						제3차 조선교육령						제4차 조선교육령					
	1	2	3	4	1	2	3	4	5	6	1	2	3	4	5	6	1	2	3	4	5	6
창가	3	3	3	3	3	3	3	1	1	1	4	4	1	1	2	2	5	6	2	2	2	2
체조								남3 여2	남3 여2	남3 여2			3	3	남3 여2	남3 여2						

〈표 3〉을 보면 이전 통감부 시기에는 '時宜에 따라' 적절하게 운용하였던 〈唱歌〉 과가 〈一次 教育令〉기에는 〈體操〉과와 더불어 각 학년에 주당 3시간씩 배정되었으며, 〈二次 教育令〉기에는 4학년부터 독립교과로서 시간이 배정되어 있음을 알 수 있다. 그것이 〈三次 教育令〉기에 접어들면서 〈體操〉과목과 더불어 중요성이 부각됨에 따라 시수도 늘어나게 되었다. 1, 2학년은 〈體操〉과와 더불어 4시간씩 배정되었으며, 3학년부터는 독립교과목으로서 1시간을, 5학년부터는 2시간으로 증가 배정하였다.

앞서 언급하였듯이 〈四次 敎育令〉기 교과목 체제가 일변하게 됨에 따라 예능과로 개설된 6과목(음악, 습자, 도화, 공작, 가사, 재봉) 중 분화 독립된 '음악' 과목으로서 저학년에 5~6시간, 3학년부터는 2시간씩 배정하고 있다.

초기의 〈唱歌〉과는 〈體操〉과와 더불어 적절하게 운용할 수 있도록 시수배정을 하고 있어, 특히 〈體操〉과목과의 연계를 주장하고 있었다. 그것이 식민지 말기로 갈수록 〈體操〉이외의 타과목과의 연계성을 고려하면서도 독립된 교과목으로서 별도로 시수배정을 하여 그 중요성을 부각하였다.

일제의 식민지 정책은 〈唱歌〉과목의 장점을 통하여 이처럼 유효적절하게 운용되고 있었다. 식민지 교육목적에 따라 제정된 교육법령, 그에 따라 편찬된 교과서와 배정된 수업시간에 의하여 식민지 조선아동은 그들의 음악적 정서 안으로 서서히 편입되어가고 있었던 것이다.

3. 본서의 편제 및 구성

본 조선총독부 편찬 『초등학교 〈唱歌〉 교과서 대조번역』은 가사내용의 대조번역서이므로 악보 부분은 생략하였다. 上卷에 수록된 의식창가나 中卷의 『みくにのうた』에 수록된 의식창가의 원문은 각 절을 숫자로 표기하고 있으나, 下卷에 수록된 의식창가 중 「一月一日」과 「紀元節」이 각 절을 장(章)으로 표기하고 있어 그대로 반영하였다.

아래 〈표 4〉는 조선총독부 편찬 〈唱歌〉 교과서의 발간시기와 수록곡 분량에 따라 구성한 본서의 편제이다.

〈표 4〉 조선총독부 편찬 『초등학교 〈唱歌〉 교과서 대조번역』의 편제

권	교 과 서 명	발행년도	권수	수록곡수	비고
上卷	新編唱歌集(全學年用)	1914	1	41	
	普通學校唱歌書(1~4學年)	1920	4	85	
	普通學校補充唱歌集(1~6學年)	1926	1	60	
	소 계		6권	186	조선어창가 37곡 포함
中卷	みくにのうた(全學年用)	1939	1	11	
	初等唱歌(1~6學年)	1939-1941	6	150	
	소 계		7권	161	
下卷	ウタノホン(1~2學年)	1942	2	43	
	初等音樂(3~6學年)	1943-1944	4	114	
	소 계		6권	157	
합 계			19권	504곡	

　본서의 원문서인 당시의 〈唱歌〉 교과서는 가로쓰기와 세로쓰기를 병행하고 있다. 가로쓰기는 음악지도를 위한 악보에 삽입된 가사의 경우이고, 일반적으로 가사내용의 경우 전면 세로쓰기 형식을 취하고 있다.

　본서는 세로쓰기로 되어 있는 원문 가사내용을 가로쓰기로 하여 左面에, 그리고 번역문은 右面에 수록하여 左右面을 동시에 보면서 대조할 수 있도록 구성하였다. 또한 원문서의 삽화는 左面 원문 부분에 배치하여 원문서가 가진 분위기를 최대한 살리기 위해 노력하였다.

4. 본서의 특징 및 성과

　본 집필진이 심혈을 기울여 출판한 **조선총독부 편찬 『초등학교 〈唱歌〉 교과서 대조번역』**은 관련 연구자들의 연구적 기반이 됨은 물론, 배움 중

에 있는 학생이나 일반인들에게까지 충분히 다가갈 수 있을 것이다. 그
밖의 특징 및 성과는 다음 각 항으로 정리하였다.

(1) 그동안 한국근대사에서 배제되어 온 일제강점기 초등학교용 〈唱歌〉
    교과서를 다층적, 종합적으로 파악할 수 있다.
(2) 일제강점기 〈唱歌〉 교과서에는 식민지 동화교육의 핵심이라 할 수 있
    는 국가적 이데올로기가 가사내용에 함축되어 있어 당시 교육정책의 입
    안자가 어떠한 비전을 가지고 있었는지, 그 교육을 받았던 세대(世代)가
    장차 어떠한 방식으로 새역사를 창출해 갔는지도 알아낼 수 있다.
(3) 본서의 또 하나의 장점은 본 교과목의 특성상 체육이나 여타 예능과는
    물론이려니와, 〈國語〉·〈修身〉 등의 교과목과도 불가분의 관계에 있
    어 일제강점기 전반적인 초등교육의 실태까지도 아울러 살필 수 있다.
(4) 일제강점기 조선의 관공립학교에서 교육된 조선총독부 편찬 〈唱歌〉
    교과서 총 19권의 발굴 정리와 이의 원문구축은 일제의 식민지교육
    정책과 방향이 실제 교육현장에서 어떻게 이루어지고 있었는지를 쉽
    게 파악할 수 있다.
(5) 조선총독부 편찬 〈唱歌〉 교과서에 수록된 곡의 상당수가 일본 〈唱歌〉
    교과서에서 선택 수록한 것들이라는 점에서 양국 음악교육의 실상은
    물론이려니와, 그것이 식민지인에게는 어떻게 왜곡되어 교육되었는지
    알아낼 수 있다.
(6) 본서는 한국 근대초기 교육의 실상과 식민지 음악교육의 실체는 물론,
    단절과 왜곡을 거듭하였던 한국근대사의 일부를 재정립할 수 있는 계
    기를 마련함으로써 다각적인 학제적 접근을 용이하게 할 것이다.
(7) 일제강점기의 〈唱歌〉 교과서는 대부분 일본어로 기술되어 있는 데다,
    축약된 詩語로 표기되어 있어, 그동안 일반인들이나 연구자들의 접근

을 어렵게 하였다. 이에 원문과 번역을 일일이 대조하여 볼 수 있도록 구성한 본 집필진의 원문대비 〈대조번역서〉는 누구나 쉽게 접근할 수 있는 학문적 토대가 될 것이다.

본서는 개화기, 통감부기, 일제강점기로 이어지는 역사의 흐름 속에서 한국 근대교육의 실태는 물론이려니와, 일제에 의해 왜곡된 갖가지 논리에 대응하는 실증적인 자료를 제공함으로 연구자들의 연구 기반을 구축하였다고 자부하는 바이다.

이로써 그간 단절과 왜곡을 거듭하였던 한국근대사의 일부를 복원·재정립할 수 있는 논증적 자료로서의 가치창출과, 일제에 의해 강제된 근대한국의 음악교육 실상을 재조명할 수 있음은 물론, 한국학의 지평을 확장하는데 크게 기여할 수 있으리라고 본다.

1985년 어느 무더운 여름! 일본 정부가 세계의 '고등학교 일본어교사'들을 동경에 초청하여 2개월 간에 걸친 〈일본어교사 연수〉를 시행하는 과정 중, 〈동경부인회〉 주최의 리셉션에서 일어난 일이다.

넓은 홀에는 BGM으로 조용히 흘러나오는 1940년대의 동요를 들은 한국의 나이 드신 교사는, 자신도 "부르고 싶은 노래가 있다"며 무대로 나가, 「황혼녘 저녁노을(ユフヤケ コヤケ)」을 불렀다. 이를 본 한국의 어떤 젊은 일본어교사가 "때와 장소가 적당치 않다"며 무대로 나아가 그 교사를 끌고 내려와, 일순간 분위기가 어색해진 일이 있다. 나이 든 교사는 일제강점기인 10대때에 학교에서 배워 익숙한 노래를 듣고 '소년적 동경'에 젖어 울컥한 마음에 무대로 나간 것을 젊은 교사는 '親日的 行爲'로 달리 해석했던 것이다.

인간이 노화되어 감에 따라 기억이 사라져가지만, 아동기에 배우고 따라 부르던 노래는 죽는 순간까지 생생하게 기억한다는 사실은 우리에게 시사하는 바가 대단히 크다.

2012년 11월, 지방의 어느 학회에서 일제강점기 조선총독부 편찬 초등학교 〈唱歌〉 교과서와 관련된 연구발표를 하는데, 토론자 중 한 사람이 "이 분야는 연구가 거의 끝났는데 또 하는가?"라는 질문을 했다. 그래서 나는 "소세키의 『도련님(坊っちゃん)』이나 가와바타의 『雪國』은 3~400편 이상의 논문이 나왔어도 '연구가 끝났다'는 말을 하지 않으면서, 〈창가〉 연구는 극소수의 논문이 나왔을 뿐인데 어떻게 끝났다고 할 수 있는가? 일본 작품은 인터넷으로 주문하면 10일 전후면 책을 받아볼 수 있으나, 여러분은 〈唱歌〉 교과서를 본 적이 있는가? 아울러 퇴계나 소세키, 공자 같은 인문학은 지금까지 엄청난 연구비가 사용되었다 해도 100년 후에는 다시 22세기의 세태를 새롭게 판독하는 인문학으로 계속 연구되어야 하지 않겠는가?"라고 답변한 적이 있다.

일제강점기 식민지 조선아동의 '백지의 영혼'에 교육되어, 의식세계를 좌우한 요인의 하나라 할 수 있는 〈修身〉과 〈讀本〉 교과서의 재조명과 집중연구에 이은 본 〈唱歌〉 교과서의 대조번역 작업은 식민지 조선인의 무의식 세계를 형성하는 주요 요인을 구명하는 작업이 될 것이다. 이를 기점으로 본 집필진은 아동과 청소년 뿐만 아니라 대중의 정서를 이용하여 선전 및 선동적 역할을 했던 운율에 대한 연구로서 일제강점기 엔카(演歌)나, 청일・러일전쟁에서 중일・태평양전쟁에 이르는 전쟁기에 일반화되었던 본격적인 군가(軍歌)까지 연구 확장을 시도하고 있는 중에 있다.

이러한 일련의 작업은 반일(反日)을 하자는 것도 아니요 친일(親日)을 하자는 것은 더더욱 아니다. 실체적 진실을 구명(究明)하여 한일관계의 개선을 추구하려 하였으나, 이제까지 받은 교육의 영향으로 한국인의 시선으로 판독된 것도 상당히 많으리라 사료된다. 완전하지는 않지만 이 작업을 토대로 하여, 다음 사람들은 이 토대에서 시작할 수 있을 뿐만 아니라 다른 여러 학문분야로 그 외연이 확장되고 이와 연관된 연구가 좀 더 활성화될 수 있으리라 기대해본다.

앞으로 일본인의 시선으로 판독된 것과 접목하여 선린 우호적 한일관계로 개선되기를 희망한다.

2013년 6월

전남대학교 일어일문학과 교수 김순전

凡　例

1. 원본의 세로쓰기를 편의상 좌로 90도 회전하여 가로
   쓰기로 하였다.

2. 반복첨자 기호는 가로쓰기이므로 반복표기로 하였다.

3. 한자의 독음은 (　)안에 표기하였다.

4. 중국어 표기는 알려진 지명의 경우 한자 독음을 사용
   하였으며, 그 외에는 원문의 독음을 적용하였다.

5. 원문의 가운뎃점(·)은 번역문에서 독점(,)으로 변환
   하였다.

6. 특정용어는 시대상황을 고려하여 당시의 사용언어 그
   대로 적용하였다.

   ex) 일본 : 내지, 일본의 東海 : 동해,
   　　한국의 東海 : 일본해, 한글 : 조선어

7. 목차와 각 단원 제목의 띄어쓰기 및 줄 간격은 편집상
   의 이유로 생략하였다.

   ex) 君　が　代 → 君が代,
   　　時計　の　歌 → 時計の歌

8. 일부 가사는 역사적가나(歷史的假名)를 사용하고 있
   고, 단어 전체 혹은 일부만 표음적가나(表音的假名)
   를 부기하고 있는 바 원문 그대로 표기하였다.

   ex) いはほ(イワオ), いはほ(わお), イハホ(ワオ),
   　　イハヘ(ワエ)

일제강점기 조선총독부 편찬
초등학교 〈唱歌〉 교과서 대조번역 (中)

『みくにのうた』

朝鮮總督府

『みくにのうた』

『의식창가』

目次(목차)

一　君が代

君(きみ)が代(よ)は、
　　ちよにやちよに、
　　　さざれいしの、
巖(いはほ)となりて
　　　こけのむすまで。

1. 기미가요[1]

천황의 성대는
　　천대만대에 걸쳐
　　　　조약돌이
바위가 되고
　　　　이끼가 낄 때까지

---

1 **기미가요(君が代)** : 일본의 국가(國歌)로 가사는 『고킨와카슈(古今和歌
集)』에 수록된 와카(和歌)에서 유래되었다. 옛 일본인들은 조약돌이나
모래가 오랜 세월에 걸쳐서 응고하여 바위가 생긴다고 믿고 있었다. 기
미가요는 1880년 메이지(明治) 천황의 생일 축하연에서 처음으로 연주
되었다. 근대에 들어와서 군국주의자들이 주체가 되어 히노마루와 기
미가요는 일본인의 혼처럼 여기도록 교육시켰고, 히노마루를 품에 안고
기미가요를 부르며 천황을 위해 서슴없이 몸을 바치도록 강요하였다.

二　勅語奉答

あな尊(たふと)しな
　　　　大勅語(おほみこと)、
勅語(みこと)の趣旨(むね)を
　　　　心(こころ)に刻(ゑ)りて、
露(つゆ)もそむかじ
　　　　朝夕(あさゆふ)に、
あな尊(たふと)しな
　　　　大勅語(おほみこと)。

2. 칙어봉답

아- 소중하여라
　　　　대칙어2
말씀하신 취지를
　　　　마음에 새기고
추호도 어기지 않으리라
　　　　언제나
아- 존엄하여라
　　　　대칙어

---

2 **대칙어(大勅語)** : 1890년 메이지 천황이 발포한 교육칙어(教育勅語)를
의미함

三　一月一日

一　年(とし)のはじめの　　例(ためし)とて、
　　終(をはり)なき世(よ)の　　めでたさを、
　　松竹(まつたけ)たてて、　門(かど)ごとに
　　いはふ今日(けふ)こそ　　たのしけれ。

二　初日(はつひ)のひかり　　さしいでて、
　　四方(よも)に輝(かゞや)く　　今朝(けさ)のそら、
　　君(きみ)がみかげに　　比(たぐ)へつつ
　　仰(あふ)ぎ見(み)るこそ　　たふとけれ。

3. 1월 1일(설날)

1 한해 시작하는 징표
  무궁한 치세의 경사를
  가도마쓰3 세우네 집집마다
  축하하는 오늘이야 즐겨나 보세

2 새해 아침 햇살 내리비치고
  천지에 빛나는 새해 아침 하늘
  폐하의 은덕에 비할 바 없네
  우러러 볼 수록 거룩하여라

3 **가도마쓰(門松)** : 정초에 대문 앞에 세워두는 소나무와 대나무 장식. 옛날 사람들은 나무의 가지에 신(神)이 머문다고 생각하였는데, 소나무는 일본에서도 생명력, 불로장수, 번영의 상징으로 여겨져 정월에 소나무에 장식하는 습관이 뿌리내리게 되었다. 특히 소나무장식은 '오곡을 지키는 신을 집에 맞아들이기 위한 의대(依り代, 신령이 나타나 머문다고 하는 나무)'라는 의미가 있어 정월에 복을 가져오는 신이 잘 찾을 수 있도록 대문 앞 좌우에 가도마쓰를 세워두게 되었다. 좌측의 가도마쓰를 '오마쓰', 우측의 가도마쓰를 '메마쓰'라고 하며, 대개 1월 7일까지 세워두는데, 이 기간을 마쓰노우치(松の内)라 한다.

四　紀元節

一　雲(くも)に聳(そび)ゆる　高千穂(たかちほ)の
　　高根(たかね)おろしに、草(くさ)も、木(き)も
　　なびきふしけん　大御世(おほみよ)を
　　仰(あふ)ぐ今日(けふ)こそ　たのしけれ。

二　海原(うなばら)なせる　埴安(はにやす)の
　　池(いけ)のおもより　なほひろき
　　めぐみの波(なみ)に　浴(あ)みし世(よ)を
　　仰(あふ)ぐ今日(けふ)こそ　たのしけれ。

4. 기원절[4]

1 구름에 솟아오른 다카치호[5]의
   재 넘어 부는 바람에 풀도 나무도
   나부껴 엎드리는 천황의 치세를
   우러르는 오늘이야말로 즐거워라

2 넓디 넓은 창해 하니야스[6]의
   연못보다 더욱 드넓은
   은혜의 물결로 뒤덮인 치세를
   우러르는 오늘이야말로 즐거워라

4 **기원절(紀元節)** : 일본 건국을 기념하는 날. 메이지 신정부는 1872년(明治5) 『고지키(古事記)』와 『니혼쇼키(日本書紀)』를 근거로 초대 진무천황(神武天皇)이 즉위한 날(1월 29일)을 축일로 제정하였다. 1873년에는 축일의 명칭을 '기원절(紀元節)'이라 하고, 그 날짜는 태양력으로 환산한 2월 11일로 정하였다. 근대 국민국가의 형성과정에서 진무천황 동정신화를 역사화함으로써, 일본이라는 국가공동체와 만세일계 황실의 정통성을 추구하였으며, 이후로도 황통의 동일선상에 있다는 관념을 형성하고자 하였다.
5 **다카치호(高千穗)** : 일본 황실(皇室)의 조상신인 히코호데미노미코토(彦火火出見尊)에서 진무천황(神武天皇)까지 三代의 전설상의 皇居
6 **하니야스의 연못(埴安の池)** : 나라현(奈良県) 가시와라시(橿原市) 아마노가구야먀(天香具山)의 서쪽 산기슭에 있는 연못

三　天津(あまつ)ひつぎの　高(たか)みくら、
　　千代(ちよ)よろづよに　動(うご)きなき
　　もとゐ定(さだ)めし　そのかみを
　　仰(あふ)ぐ今日(けふ)こそ　たのしけれ。

四　空(そら)にかがやく　日(ひ)のもとの、
　　萬(よろづ)の國(くに)に　たぐひなき
　　國(くに)のみはしら　たてし世(よ)を
　　仰(あふ)ぐ今日(けふ)こそ　たのしけれ。

3 하늘에서 정해져 이어온 천황의 옥좌
　천대만대 영원토록 불변할
　근간을 정하신 시조신을
　우러르는 오늘이야말로 즐거워라

4 하늘에 빛나는 태양 아래
　온 세상에 비할 데 없는
　나라의 기둥을 세우신 치세를
　우러르는 오늘이야말로 즐거워라

五　天長節

今日(けふ)の吉(よ)き日は、大君(おほきみ)の
うまれたまひし　吉(よ)き日なり。
今日(けふ)の吉(よ)き日は、みひかりの
さしでたまひし　吉(よ)き日なり。
ひかり遍(あまね)き　君(きみ)が代(よ)を
いはへ、諸人(もろびと)　もろともに。
めぐみ遍(あまね)き　君(きみ)が代(よ)を
いはへ、諸人(もろびと)　もろともに。

5. 천장절[7]

오늘같이 좋은 날은 천황폐하가
이 세상에 탄생하신 좋은 날이라
오늘같이 좋은 날은 서광이
비추기 시작하는 좋은 날이라
온누리에 비치는 천황 치세를
경축하라 모든 이여 모두 다함께
온누리에 미친 은혜 천황 치세를
경축하라 모든 이여 모두 다함께

---

7 **천장절(天長節)** : 1870년 메이지 정부가 9개의 축일을 제정한 데서 비롯되며, 1945년 패전 이전까지 천황의 탄생일을 기념하는 명절로 지켜졌다. 메이지(明治) 천황 재위시에는 11월 3일로 지켜졌으며, 쇼와(昭和)천황 재위시에는 4월 29일로 지켜졌다. 패전 이후 '천장절'은 1948년 공포하여 시행된 축일법에 의하여 '천황탄생일(天皇誕生日)'로 개칭되었다. 메이지 천황 탄생일이었던 11월 3은 현재 '문화의 날'로 지정되어 문화훈장의 수여, 예술제, 국민체육대회 등 국가적 행사가 이 날을 중심으로 펼쳐진다. 한편 쇼와 천황의 생일인 4월 29일은 1948년 이후 '천황탄생일'로 지켜오다가 1989년 쇼와 천황 사망 이후에는 그가 자연을 사랑했던 것을 기려 이 날을 '녹색(みどり)의 날'로 지정했다(2000.5.12). 이후 참의원 본회의에서 가결된(2005.5.13) 〈개정축일법〉에 의하여 2007년부터는 5월 4일로 변경되었다. 그리고 1989년(平成 원년)에 제정된 천황 明人(あきひと)의 탄생일을 기념한 '천황탄생일'은 12월 23일이다.

六　明治節

一　亞細亞(あじや)の東(ひがし)　日(ひ)出(い)づる處(ところ)、
　　聖(ひじり)の君(きみ)の　現(あらは)れまして、
　　古(ふる)き天地(あめつち)　とざせる霧(きり)を、
　　大御光(おほみひかり)に　隅(くま)なくはらひ、
　　教(おしへ)あまねく、　道(みち)明(あき)らけく、
　　治(をさ)めたまへる　御代(みよ)尊(たふと)。

二　惠(めぐみ)の波(なみ)は　八洲(やしま)に餘(あま)り、
　　御稜威(みいつ)の風(かぜ)は　海原(うなばら)越(こ)えて、
　　神(かみ)の依(よ)させる　御業(みわざ)を弘(ひろ)め、
　　民(たみ)の榮(さか)行(ゆ)く　力(ちから)を展(の)ばし、
　　外(と)つ國國(くにぐに)の　史(ふみ)にも、著(しる)く
　　留(とど)めたまへる　御名(みな)畏(かしこ)。

6. 메이지절[8]

1 아시아의 동쪽 해 뜨는 곳
　　현인신(現人神)[9] 천황이 나타나시어
　　오랫동안 천지를 가린 안개를
　　거룩한 빛으로 구석구석 비추어
　　가르침 온 땅에 도를 밝히시어
　　다스리신 천황의 치세 존엄하여라

2 은혜의 물결은 온 땅에 넘치고
　　천황 위광의 은혜는 사해에 넘쳐서
　　모든 이가 의지하는 신의 위업을 넓히고
　　만백성이 번성해 가는 힘을 펼쳐
　　다른 나라들의 역사에도 기록되어
　　남겨지는 그 이름 황공하여라

---

8 **메이지절**(明治節) : 1927년 메이지 천황(明治天皇)의 유덕을 기리고 동북아 패권을 주도하였던 메이지시대(明治時代)를 추모할 목적으로 제정되었다. 이 날은 궁중에서도 제의(祭儀)와 연회(宴会)가 행해졌다. 패전 후 폐지되었다가 1948년 '문화의 날(文化の日)'로 바꾸어 현재에도 계승되고 있다.

9 **현인신**(現人神) : 인간의 모습으로 이 세상에 나타난 神을 말하는데, 1889년 발표한 대일본제국헌법 제1조에 "천황은 현인신이다."고 기록된 바 '현인신'이란 일본 천황을 지칭한다.

三　秋(あき)の空(そら)すみ、　菊(きく)の香(か)高(たか)き
　　今日(けふ)のよき日(ひ)を　皆(みな)ことほぎて、
　　定(さだ)めましける　御憲(みのり)を崇(あが)め、
　　諭(さと)しましける　詔勅(みこと)を守(まも)り、
　　代代木(よよぎ)の森(もり)の　代代(よよ)長(とこし)へに
　　仰(あふ)ぎまつらん　大帝(おほみかど)。

3 가을하늘 청명하고 국화향기 드높은데
　오늘같이 좋은 날을 모두 축복하고
　정해진 제국헌법10을 숭상하여
　깨달음 주시는 칙어(教育勅語)11를 준수하여
　요요기12숲이 세세에 영원토록
　받들어 모시자 메이지 천황을!

10 **제국헌법**(帝國憲法) : 1889년 2월 11일 발포된 대일본제국헌법(大日本帝国憲法)을 말한다. 현행의 일본국헌법(신헌법)과 대비해서 구헌법(旧憲法)이라고 부른다.

11 **교육칙어**(教育勅語) : 1890년 10월 31일 메이지 천황에 의해 반포된 메이지 신정부의 교육방침. 역대 천황이 국가와 도덕을 확립하였음을 언급하며, "국민의 충효심이 '국체의 정화'이자 '교육의 기원'이다."고 규정하고 있다. 부모에게 효행, 부부의 조화, 형제 간의 우애, 학문의 중요함, 준법정신 등등 12가지의 덕목이 명기되어 있으며, 이를 지키는 것이 국민의 전통임을 강조하고 있다. 패전 이후 1948년 6월 19일 폐지되었다.

12 **요요기**(代々木) : 메이지신궁(明治神宮)이 있는 부근의 숲. 여기서는 메이지신궁(明治神宮) 또는 메이지 천황(明治天皇)을 의미하기도 함.

七　神社參拜唱歌

一　この靜宮(しづみや)に　鎭(しづ)まりて、
　　すめらみかどの　みさかえを
　　常磐堅磐(ときはかきは)に　守(まも)ります
　　神(かみ)のみいつの　たふとしや。

二　おほみたからと　名(な)におへる
　　大和島根(やまとしまね)の　國民(くにたみ)を
　　千代萬代(ちよよろづよ)に　めぐみます
　　みたまのふゆの　かしこしや。

三　この大前(おほまへ)に　ぬかづきて、
　　君(きみ)と民(たみ)とに　さちあれと、
　　ただ一(ひと)すぢに　祈(いの)るなる
　　わが眞心(まごころ)を　きこしめせ。

7. 신사참배 창가

1 이 고요한 신사에 진좌하시어
　천황 치세의 번영을
　영원무궁토록 변함없이 지켜주신
　신의 위광 존엄하여라

2 천황의 신민이라 불리는
　일본의 국민에게
　천대만대 베풀어 주신
　천황의 은혜 고마워라

3 이 신 앞에 공손히 참배하여
　천황과 백성에게 평안하라고
　일편단심으로 기원하는
　우리의 진심을 들어주세요

八　海ゆかば

海(うみ)ゆかば
　　　　みづくかばね、
山(やま)行(ゆ)かば
　　　　草(くさ)むすかばね、
大君(おほきみ)のへにこそ
　　　　しなめ
　　　　かへりみはせじ。

8. 바다에 가니

바다에 가니
     물에 잠긴 시체
  산에 가니
      잡초 우거진 시체
천황 곁에서
      죽을 수만 있다면
  후회하지 않으리[13]

---

13 본 「海ゆかば」의 가사는 『만요슈(万葉集)』 卷18에 수록된 오토모노야
   카모치(大伴家持)의 초카(長歌) 중 일절(一節)임

九　仰げば尊し

一　仰(あふ)げば尊(たふと)し　我(わ)が師(し)の恩(お
　　ん)、
　　教(をし)への庭(には)にも　はやいくとせ、
　　思(おも)へばいととし　この年月(としつき)、
　　今(いま)こそ別(わか)れめ　いざさらば。

二　互(たがひ)にむつみし　日頃(ひごろ)の恩(おん)、
　　わかるる後(のち)にも　やよ忘(わす)るな、
　　身(み)を立(た)て名(な)をあげ　やよ勵(はげ)めよ、
　　今(いま)こそ別(わか)れめ　いざさらば。

三　朝夕(あさゆふ)なれにし　學(まな)びの窓(まど)、
　　螢(ほたる)のともしび　つむ白雪(しらゆき)、
　　忘(わす)るるまぞなき　ゆく年月(としつき)、
　　今(いま)こそ別(わか)れめ　いざさらば。

9. 우러러 존경하세

1 우러러 존경하세 스승의 은혜
   교정에도 벌써 몇 년이 지났느냐
   돌아보니 그리운 그 시절
   이제는 헤어질 때 모두 다 안녕

2 서로 다정했던 평소의 우정
   헤어진 뒤에도 친구야 잊지 말자
   입신출세하도록 모두 힘쓰세
   이제는 헤어질 때 모두 다 안녕

3 날마다 정들었던 배움의 터전
   형설지공의 학문을
   잊을 수 없구나 지나간 시절
   이제는 헤어질 때 모두 다 안녕

一〇　螢の光

一　螢(ほたる)の光(ひかり)、　　窓(まど)の雪(ゆき)、
　　書(ふみ)よむ月日(つきひ)　かさねつつ
　　いつしか年(とし)も　すぎのとを
　　あけてぞ今朝(けさ)は　別(わか)れゆく。

二　とまるも行(ゆ)くも　限(かぎ)りとて
　　かたみにおもふ　ちよろづの
　　心(こころ)のはしを　ひとことに
　　幸(さき)くとばかり　うたふなり。

三　つくしのきはみ、　みちの奥(おく)、
　　海山(うみやま)とほく　へだつとも、
　　その眞心(まごころ)は　へだてなく
　　ひとつにつくせ　國(くに)のため。

10. 형설지공

1 형설지공으로
  서책 읽던 나날 거듭되어
  어느덧 세월 지나 교문을
  나서 오늘 헤어져 가네

2 머무는 이도 가는 이도 마지막으로
  추억으로 생각하는 수많은 것들
  마음 한편을 한마디로
  안녕하라고 노래 부르네

3 남쪽 끝 북쪽 끝
  산 넘고 바다 건너 멀리 헤어진다 해도
  마음만은 떨어지지 말고
  하나로 뭉치세 나라를 위해

一一　愛國行進曲

一　見(み)よ、　東海(とうかい)の
　　　　　空(そら)明(あ)けて
　　旭日(きよくじつ)　高(たか)く輝(かがや)けば、
　　天地(てんち)の正氣(せいき)　潑剌(はつらつ)と、
　　希望(きばう)は躍(をど)る　大八洲(おほやしま)。
　　おお、清朗(せいらう)の
　　　　　朝雲(あさぐも)に
　　聳(そび)ゆる　富士(ふじ)の姿(すがた)こそ
　　金甌無缺(きんおうむけつ)、揺(ゆる)ぎなき、
　　我(わ)が日本(につぽん)の　誇(ほこり)なれ。

二　起(た)て、　一系(いつけい)の
　　　　　大君(おほきみ)を
　　光(ひかり)と　永久(とは)に戴(いただ)きて、
　　臣民(しんみん)我等(われら)、皆(みな)共(とも)に、
　　御稜威(みいつ)に副(そ)はん　大使命(だいしめい)。
　　往(ゆ)け、八紘(はつくわう)を
　　　　　宇(いへ)となし

11. 애국행진곡

1 보라! 동해의
　　　　하늘이 밝아오고
　아침 해 드높게 빛나니
　천지의 정기 발랄하고
　희망은 약동한다 대일본
　오ー 청명한
　　　　아침 구름에
　우뚝 솟은 후지산(富士山)의 자태야말로
　금구무결 흔들림 없는
　우리 일본의 자랑이어라

2. 일어나라! 만세일계의
　　　　천황을
　서광으로 영원히 받들어
　우리들 신민 모두 다함께
　천황의 위광에 부응하는 큰 사명
　나아가라 온 우주를
　　　　내집삼아

四海(しかい)の人(ひと)を　導(みちび)きて、
正(ただ)しき平和(へいわ)　うち建(た)てん
理想(りさう)は、　花(はな)と　咲(さ)き薫(かを)る。

三　いま、　幾度(いくたび)か
　　　　我(わ)が上(うへ)に
試練(しれん)の嵐(あらし)　哮(たけ)るとも、
斷乎(だんこ)と守(まも)れ　その正義(せいぎ)、
進(すす)まん道(みち)は　一(ひと)つのみ。
ああ、悠遠(いうゑん)の
　　　　神代(かみよ)より
轟(とどろ)く歩調(ほてう)　うけつぎて、
大行進(だいかうしん)の　往(ゆ)く彼方(かなた)、
皇國(くわうこく)つねに　榮(さかえ)あれ。

온 세계 사람을 인도하여서
온전한 평화 건설하세
이상(理想)은 꽃으로 피어 향기나리라

3 앞으로 수없이
　　우리들에게
시련의 폭풍우 몰아친다 해도
단호히 사수하라 그 정의
나아갈 길은 오직 하나 뿐
아— 유구한
　　신대(神代)로부터
울려퍼지는 발걸음 이어받아
대행진해 가는 그 곳까지
황국이여 영원히 번영할지라

昭和十四年三月十二日翻刻印刷
昭和十四年三月十五日翻刻發行

〔みくにのうた〕
定價金六錢

著作權所有　著作兼發行者　朝　鮮　總

京城府大島町三十八番地

翻刻發行兼印刷者　朝鮮書籍印刷株

代表者　井上

京城府大島町三十八番地

發　行　所　　朝鮮書籍印刷株

일제강점기 조선총독부 편찬

초등학교 〈唱歌〉 교과서 대조번역 (中)

『初等唱歌』

第一學年

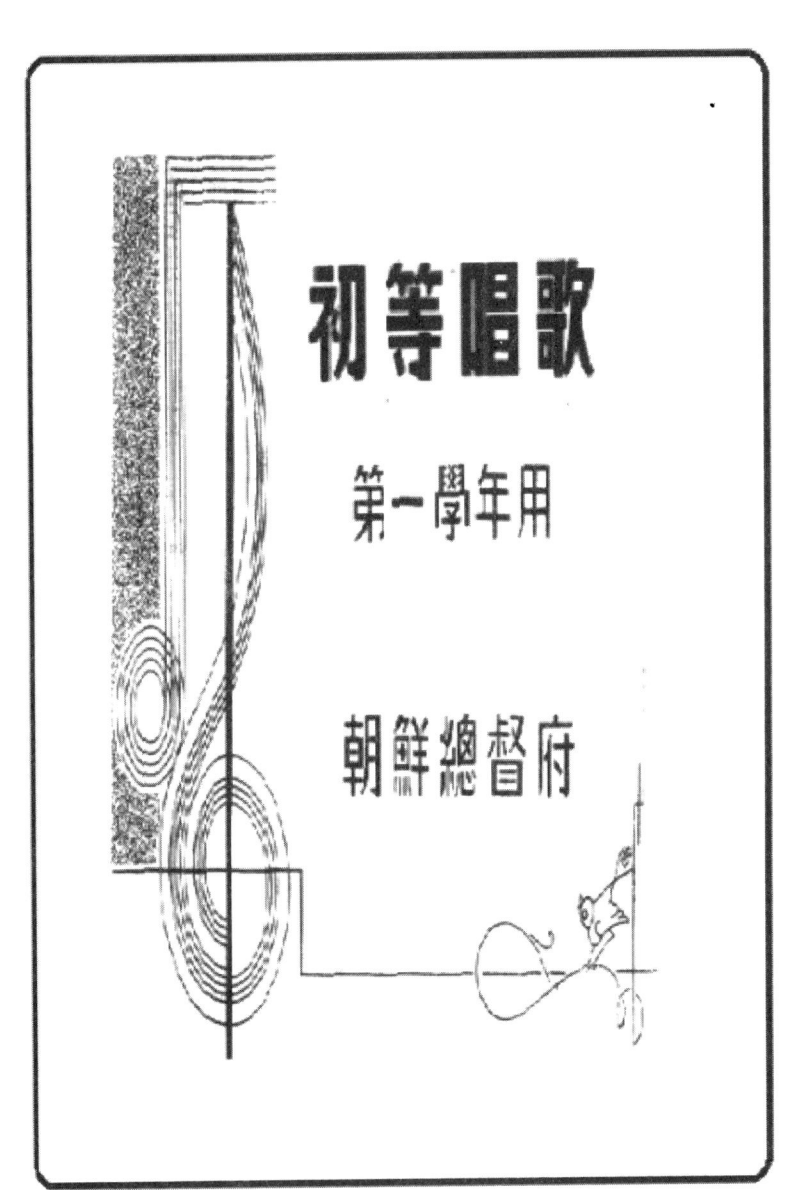

初等唱歌

第一學年用

朝鮮總督府

緒 言

一　本書ハソノ編纂ニ當リ、皇國臣民タルノ情操涵養ニ
　　適切ナル唱歌ノ採擇ニ留意セリ。

二　儀式用唱歌ハ、コレヲスベテ別冊「みくにのうた」ニ
　　輯錄セリ。

三　本書ハ音樂教育ノ進步ト時代ノ要求トニ鑑ミ、平易
　　雅正ニシテ兒童ノ心情ヲ快活醇美ナラシムルモノヲ
　　採擇シ、コレニ新作ヲ加ヘタルモノナリ。

四　新作歌詞ハスベテ全鮮ノ小學兒童ヨリ募集シタルモ
　　ノニヨル。

五　本書ノ歌詞ハ努メテ材料ヲ各方面ニ採リ、文體・用
　　語等ハ成ルベク讀本ト歩調ヲ一ニセンコトヲ期セ
　　リ。

六　本書ノ教材排列ハ强ヒテ程度ノ難易ノミニヨラズ、一
　　面季節ニツキテモ考慮セリ。

昭和十四年三月　　　　朝　鮮　總　督　府

서언

1. 본서는 그 편찬에 있어서 황국신민다운 정조함양에 적절한 창가의 채택에 유의하였음.

2. 의식용 창가는 모두 별책 『의식창가』에 수록함.

3. 본서는 음악교육의 진보와 시대에 호응하여, 알기쉽고 기품있으며 바른 것으로 하여 아동의 심정을 쾌활 순수케 한 것을 취하여, 이에 신곡을 붙인 것임.

4. 신작(新作) 가사(歌詞)는 모두 조선의 모든 초등학교 아동으로부터 모집한 것에 의함.

5. 본서의 가사는 되도록 재료(材料)를 각 방면에서 취하고, 문체, 용어 등은 가능한 일본어교과서(小學校國語讀本)와 보조를 맞추려 기획함.

6. 본서의 교재배열은 일부러 난이도 뿐만 아니라 전체 계절도 고려하였음.

1939년 3월 　　　　　　　　　조 선 총 독 부

『初等唱歌』第一學年
『초등창가』 제1학년

目次(목차)

一　ヒノマルノハタ

一　シロヂ　ニ　アカク
　　ヒノマル　ソメテ、
　　アア　ウツクシ　ヤ、
　　ニホン　ノ　ハタ　ハ。

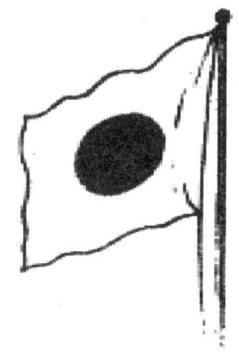

二　アサヒ　ノ　ノボル
　　イキホヒ　ミセテ、
　　アア　イサマシ　ヤ、
　　ニホン　ノ　ハタ　ハ。

1. 일장기[1]

1 하얀 바탕에 빨갛게
둥근 태양 그렸네
아― 아름다워라
일본의 국기는

2 아침 해 솟아오르는
기상이 보이네
아― 용맹스러워라
일본의 국기는

1 **일장기**(日の丸) : 일본의 국기, 히노마루(日の丸)라고도 함. 흰 바탕에 한가운데에 커다란 붉은색 원이 그려진 히노마루는 일본의 조상신 아마테라스오미카미(天照大神)가 태양신의 후손이라는 신화에서 유래되어 태양이 솟아오르는 근원임을 형상화하고 있다. 1855년 에도시대(江戶時代) 사쓰마(薩摩) 번주(藩主) 시마즈 나리아키라(島津齊彬)가 막부에 건의하여 히노마루(日の丸)를 일본 선박의 깃발로 사용하도록 허락 받았다. 이후 메이지정부가 성립되고 1870년 정식으로 히노마루를 일본국의 상징으로 정했다. 1945년 패전과 함께 연합군 사령부가 히노마루의 공식게양을 금지한 것도 히노마루와 기미가요를 침략과 전쟁범죄의 상징물로 인식했기 때문이다. 그 후 일본의 히노마루에 대한 해석은 애매했으나 1999년 8월 22일 "국기(國旗)는 일장기로 한다. 국가(國歌)는 기미가요로 한다."는 내용의 '국기·국가 법안'이 일본 중의원을 통과함에 따라 일장기는 법적으로도 공식적인 국기가 되었다.

二　ハル

一　ハル　ヨ　コイ。
　　ハル　ヨ　コイ。
　　　サクラ　ノ　ハナ　ガ
　　　マッテ　ヰル。

二　ハル　ヨ　コイ。
　　ハル　ヨ　コイ。
　　　コトリ　ガ　ナイテ
　　　マッテ　ヰル。

2. 봄

1 봄이여 오라
  봄이여 오라
    벚꽃이
    기다리고 있다

2 봄이여 오라
  봄이여 오라
    작은 새가 노래하며
    기다리고 있다

三 ワタシハーネンセイ

一 ワタシ　ハ　ゲンキナ
　　　　ーネンセイ。
　トッテモ　ヒロイ
　　　　ウンドウバ、
　スミ　カラ　スミ　ヘ
　　　ハシリタイ。

二 ワタシ　ハ　ゲンキナ
　　　　ーネンセイ。
　タクサン　ナランダ
　　　　オツクヱ　デ、
　ベンキャウ　スル　ノ　ハ、
　　　ウレシイ　ナ。

3. 나는 1학년

1 나는 씩씩한
　　　1학년
　아주 넓은
　　　운동장
　이쪽에서 저쪽까지
　　　달리고 싶어

2 나는 씩씩한
　　　1학년
　많이 늘어선
　　　책상에서
　공부하는 것은
　　　즐거워라

四 シロ

一　カハイイ　シロ　ヨ。
　　カケテル　シロ　ヨ。
　　クビ　ノ　コスズ　ガ、
　　チリ、チリ　ナル　ヨ。

　　二　タノシク　アソブ
　　　　コイヌ　ノ　シロ　ヨ。
　　　　ナニ　カ　タベテル、
　　　　カハイイ　メツキ。

　　　　三　ナニ　ミテ　ホエル、
　　　　　　カハイイ　シロ　ヨ。
　　　　　　カケテ　イッテ　ハ、
　　　　　　ワン、ワン　ホエル。

4. 흰둥이

1 귀여운 흰둥아
　뛰어가는 흰둥아
　목에 단 작은 방울이
　딸랑 딸랑 울리네

　2 즐겁게 노는
　　강아지 흰둥아
　　무언가 먹고 있는
　　사랑스런 눈매

　　3 무얼 보고 짖니
　　　귀여운 흰둥아
　　　뛰어가선
　　　멍멍 짖는구나

五 ヒヨコ

一 ヒヨ、ヒヨ、ヒヨコ、
　　チヒサナ　ヒヨコ。
　　キャウダイ　ナカヨク
　　　イッショ　ニ　アルケ。
　　アシ　ノ　ツヨク
　　　ナラヌ　ウチ　ニ、
　　トホク　ヘ　イク　ナ、
　　　ヒトリ　デ　イク　ナ。

二 ヒヨ、ヒヨ、ヒヨコ、
　　カハイイ　ヒヨコ。
　　イツ　デモ　オヤ　ニ
　　　ダカレテ　ネムレ。
　　ハネ　ノ　ナガク
　　　ナラヌ　ウチ　ニ、
　　ハナレテ　ネル　ナ、
　　　ヒトリ　デ　ネル　ナ。

5. 병아리

1 삐악 삐악 병아리
  자그마한 병아리
  형 동생 사이좋게
  함께 걸어라
  다리가 튼튼하게
  되기 전에는
  멀리 가지 말아라
  혼자 가지 말아라

2 삐악 삐악 병아리
  귀여운 병아리
  언제나 엄마 품에
  안겨 자거라
  날개가 크게
  되기 전에는
  떨어져 자지 말아라
  혼자 자지 말아라

六　ヘイタイサン

一　テッパウ　カツイダ
　　ヘイタイサン、
　　アシナミ　ソロヘテ
　　アルイテル。
　　トットコ、トットコ、
　　アルイテル。
　　ヘイタイサン　ハ
　　キレイ　ダ　ナ。
　　ヘイタイサン　ハ
　　ダイスキ　ダ。

6. 군인 아저씨

1 총을 둘러 멘
  군인 아저씨
  발을 맞추어
  걸어가고 있네
  뚜벅 뚜벅
  걸어가고 있네
  군인 아저씨는
  근사하구나
  군인 아저씨는
  정말 좋아요

二　オウマ　ニ　ノッタ
　　ヘイタイサン、
　　スナ　ヲ　ケタテテ
　　カケテ　クル。
　　パッパカ、パッパカ、
　　カケテ　クル。
　　ヘイタイサン　ハ
　　イサマシイ。
　　ヘイタイサン　ハ
　　ダイスキ　ダ。

2 말에 올라 탄
  군인 아저씨
  모래먼지 일으키며
  달려오네
  따그닥 따그닥
  달려오네
  군인 아저씨는
  용감하구나
  군인 아저씨는
  정말 좋아요

七　ニンギャウ

一　ワタシ　ノ　ニンギャウ　ハ、
　　　　ヨイ　ニンギャウ。
　メ　ハ　パッチリ　ト　イロジロ　デ、
　チヒサイ　クチモト　アイラシイ。
　ワタシ　ノ　ニンギャウ　ハ、
　　　　ヨイ　ニンギャウ。

7. 인형

1 나의 인형은
　　예쁜 인형
　맑고 큰 눈에 하얀 얼굴로
　자그마한 입은 사랑스럽죠
　나의 인형은
　　예쁜 인형

二　ワタシ　ノ　ニンギャウ　ハ、
　　　　ヨイ　ニンギャウ。
　　ウタ　ヲ　ウタヘ　バ　ネンネ　シテ、
　　ヒトリ　デ　オイテ　モ　ナキマセン。
　　ワタシ　ノ　ニンギャウ　ハ、
　　　　ヨイ　ニンギャウ。

2 나의 인형은
　　착한 인형
　노래를 부르면 잘도 자고
　혼자 두어도 울지 않아요
　나의 인형은
　　착한 인형

八　スナバホリマセウ

一　ミンナ　デ　スナバ　ヲ
　　　ホリマセウ。
　　ホッタラ　オイケ　ガ、
　　　デキマシタ。
　　イケ　ヲ　ヒロゲテ　ミヅ　ヒイテ、
　　　ツクリカヘタラ　ウミ　ノ　ヤウ。

二　オキ　ノ　コジマ　ニ
　　　ニタ　ヤウ　ニ、
　　イシ　ヲ　ココラ　ニ
　　　オキマセウ。
　　コジマ　メグリ　ノ　コノハブネ、
　　　カハイイ　フネ　ヲ　ツクリマセウ。

8. 모래놀이

1 다함께 모래밭을
　　　　파고 놀아요
　팠더니 연못이
　　　　생겨났어요
　연못을 넓히고 물을 끌어서
　　　　고쳐 만들었더니 바다 같아요

2 앞바다의 작은 섬과
　　　　닮은 것처럼
　돌멩이를 이쯤에
　　　　놓아봅시다
　작은 섬 순회할 나뭇잎배
　　　　예쁜 배를 만들어 보아요

九　カタツムリ

一　デンデン　ムシムシ
　　カタツムリ、
　　オマヘ　ノ　アタマ　ハ
　　ドコ　ニ　アル。
　　　　ツノ　ダセ、ヤリ　ダセ、
　　　　アタマ　ダセ。

二　デンデン　ムシムシ
　　カタツムリ、
　　オマヘ　ノ　メダマ　ハ
　　ドコ　ニ　アル。
　　　　ツノ　ダセ、ヤリダセ、
　　　　メダマ　ダセ。

9. 달팽이

1 나와라 나와라
   달팽아 달팽아
   너의 머리는
   어디에 있니?
        뿔을 내밀어라 촉수를 내밀어라
        머리를 내밀어라

2 나와라 나와라
   달팽아 달팽아
   너의 눈은
   어디에 있니?
        뿔을 내밀어라 촉수를 내밀어라
        눈을 내밀어라

一〇　カヘル

一　ヒロイ　タンボ　ニ、
　　　タウヱ　ガ　スンダ。
　　カヘル、カヘル、
　　　ウレシカラウ。
　　ヒル　ハ　マイニチ、
　　　ウンドウクヮイ　ダ。
　　ピョン、ピョン、
　　　トンダリ、
　　　オヨイダリ。

10. 개구리

1 넓은 논에
　　　모내기가 끝났네
　개구리 개구리
　　　좋아하겠지
　낮에는 날마다
　　　운동회라네
　폴짝 폴짝
　　　뛰어다니고
　　　　헤엄도 치네

二　ヒロイ　タンボ　ガ、
　　　アヲタ　ニ　ナッタ。
カヘル、カヘル、
　　ウレシカラウ。
ヨル　ハ　マイバン、
　　　オンガククヮイ　ダ。
ググググ、ガガガガ、
　　ケレッ、ケッケ。

2 넓은 논이
　　　푸른 논 되었네
　개구리 개구리
　　　좋아하겠지
　밤에는 밤마다
　　　음악회라네
　개굴 개굴 개구리
　　　　노래하지요

一一　ミヅアソビ

一　ナツ　ノ　オ庭(ニハ)　デ、
　　　　　　　ミヅアソビ、
　　オ日(ヒ)サマ
　　　　　　　カンカン
　　　　　　　　　　　テッテ　キル。
　　ミヅデッパウ　ハ、
　　　　　シュッ、シュッ、
　　　　　　　　シュウ。
　　オ庭(ニハ)　ノ　花(ハナ)　ニ、
　　　シュッ、
　　　シュッ、
　　　シュウ。

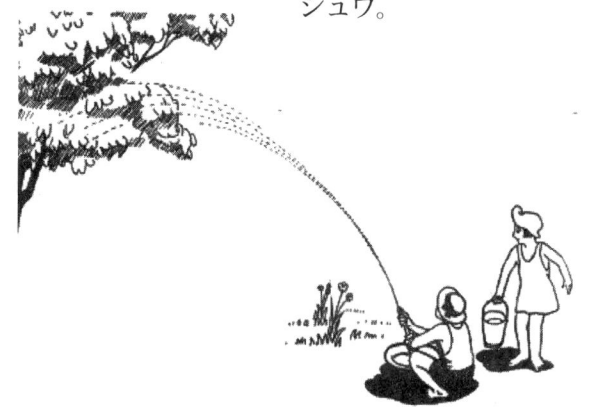

11. 물장난

1 한여름 마당에서
　　　물장난
　햇님이
　　　쨍쨍
　　　　　비치고 있네
　물총은
　　　슉 슉
　　　　　슈우
　마당의 꽃에
　　　슉
　　　슉
　　　슈우

二　トンボ　ガ　スイスイ
　　トビナガラ、
ミンナ　ノ　アソビ　ヲ
　　ナガメテル。
ミヅデッパウ　ハ、
　　シュッ、　シュッ、
　　シュウ。
木(キ)　ノ　ハ　ノ
　　ギャウズイ、
　　シュッ、シュッ、
　　シュウ。

2 잠자리가 휙 휙
　　　날아다니며
　우리들 놀이를
　　　바라보고 있네
　　물총은
　　　숙 숙
　　　　슈우
　나뭇잎
　　　씻겨주네
　　숙 숙
　　　　슈우

一二　モモタラウ

一　モモタラウサン、
　　　　　モモタラウサン、
　　オコシ　ニ　ツケタ
　　　　　キビダンゴ、
　　ヒトツ　ワタシ　ニ
　　　　　クダサイ　ナ。

二　ヤリマセウ、
　　　　　ヤリマセウ、
　　コレ　カラ　オニ　ノ
　　　　　セイバツ　ニ、
　　ツイテ　イク　ナラ
　　　　　ヤリマセウ。

12. 모모타로

1 모모타로²님
　　　모모타로님
　허리에 찬
　　　수수경단
　하나만 저에게
　　　주시겠어요?

2 줄게요
　　　줄게요
　이제부터 도깨비
　　　정벌하러
　따라간다면
　　　줄게요

2 **모모타로**(桃太郎) : 일본 전래동화의 주인공. 영웅이 악인을 퇴치하는 것을 주제로 한 이상 탄생설화의 하나이다. "어느날 할머니가 냇가에서 빨래하고 있는데 커다란 복숭아가 떠내려와 건져보니 복숭아 안에 사내아이가 들어 있었다. 이를 발견한 노부부는 집으로 데려와 복숭아에서 태어났다고 해서 복숭아를 뜻하는 '모모'와 장남을 뜻하는 '타로'를 따서 '모모타로'라고 이름을 짓고 정성들여 양육한다. 모모타로가 점점 자라 어른이 되자 도깨비를 정벌하러 도깨비섬으로 가기 위해 할머니께 수수경단을 만들어 달라고 한다. 할머니가 만들어준 수수경단을 가지고 출발한 모모타로는 가던 도중 수수경단으로 개와 원숭이, 꿩을 부하로 거느리고 도깨비섬을 찾아가 마침내 도깨비를 항복시키고 빼앗은 보물을 가지고 돌아온다."는 내용으로 되어 있다.

三　イキマセウ、
　　　イキマセウ、
　　アナタ　ニ　ツイテ
　　　ドコ　マデ　モ
　　ケライ　ニ　ナッテ
　　　イキマセウ。

四　ソリャ　ススメ、
　　　ソリャ　ススメ、
　　イチド　ニ　セメテ
　　　セメヤブリ、
　　ツブシテ　シマヘ、
　　　オニガシマ。

3 갈게요
　　　갈게요
　당신을 따라서
　　　어디라도
　부하 되어서
　　　갈게요

4 자 나아가자
　　　자 전진하자
　단번에 공격하여
　　　쳐부수고
　전멸시켜 버리자
　　　도깨비섬

五　オモシロイ、
　　　オモシロイ、
　ノコラズ　オニ　ヲ
　　　セメフセテ、
　ブンドリモノ　ヲ
　　　エンヤラ　ヤ。

六　バンバンザイ、
　　　バンバンザイ、
　オトモ　ノ　イヌ　ヤ
　　　サル　キジ　ハ、
　イサンデ　クルマ　ヲ
　　　エンヤラ　ヤ。

5 신나구나
　　　　신나구나
　남김없이 도깨비를
　　　　항복시켜서
　빼앗은 물건을
　　　　영치기 영차

6 만만세
　　　　만만세
　따라온 개
　　　　원숭이, 꿩은
　힘차게 수레를
　　　　영치기 영차

一三　ユフヤケコヤケ

一　ユフヤケ　コヤケ　デ
　　　　　　　ヒ　ガ　クレテ、
　　ヤマ　ノ　オテラ　ノ
　　　　　　　カネ　ガ　ナル。
　　オテテ　ツナイデ
　　　　　　　ミナ　カヘラウ、
　　カラス　ト　イッショ　ニ
　　　　　　　カヘリマセウ。

二　コドモ　ガ　カヘッタ
　　　　　　　アト　カラ　ハ、
　　マルイ　オホキナ
　　　　　　　オツキサン。
　　コトリ　ガ　ユメ　ヲ
　　　　　　　ミル　コロ　ハ、
　　ソラ　ニハ、　キラキラ
　　　　　　　キン　ノ　ホシ。

13. 황혼녘 저녁노을

1 황혼녘 저녁노을
　　　　　해가 저물어
　산속 절간의
　　　　　종이 울린다
　손에 손을 잡고
　　　　　모두 돌아가자
　까마귀와 함께
　　　　　돌아갑시다

2 아이들이 돌아간
　　　　　뒤에는
　둥글고 커다란
　　　　　달님
　작은 새가 꿈을
　　　　　꿀 때면
　하늘에는 반짝 반짝
　　　　　금별

一四　スズメ

一　アチラ　ノ　ヤネ　デ
　　チュン、チュン、
　　　チュン、チュン、ナク　ヨ。
　　クチ　ヲバ　アケテ、
　　　ゲンキ　ヨク。
　　チュン、チュン、チュ、チュ、
　　　チュ、チュ、チュン、
　　　　サヘヅル　ヨ。

14. 참새

1 저쪽 지붕에서
　　짹 짹 짹
　　짹 짹 우네요
　부리를 벌리고
　　힘차게
　짹 짹 째째
　　째째 짹
　　　　재잘거려요

二　コチラ　ノ　ヤネ　デ
　　チュン、チュン、
　　チュン、チュン、ナク　ヨ。
　マケズ　ニ　ナク　ヨ、
　　ゲンキ　ヨク。
　チュン、チュン、チュ、チュ、
　　チュ、チュ、チュン、
　　サヘヅル　ヨ。

2 이쪽 지붕에서
　　짹 짹 짹
　　짹 짹 우네요
　지지않고 우네요
　　힘차게
　짹 짹 째째
　　째째 짹
　　　　재잘거려요

一五　ワタシノオウチ

一　ワタシ　ノ　オウチ　ハ
　　　　　　ウミ　ノ　ソバ。
　　ワタシ　ハ　ハマベ　ガ
　　　　　　スキ　デス　ヨ。
　　マイニチ　ニハ　カラ
　　　　　　ナガメマス。

二　シロイ　ハ　ホ　デス　ヨ。
　　　　　　フネ　デス　ヨ。
　　トブ　ノ　ハ　トリ　デス。
　　　　　　カモメ　デス。
　　ナギサ　デ　ウツ　ノ　ハ、
　　　　　　ナミ　デス　ヨ。

15. 우리집

1 우리집은
　　　　　바닷가
　나는 해변을
　　　　　좋아하지요
　매일 마당에서
　　　　　바라보지요

2 하얀 것은 돛이예요
　　　　　배랍니다
　나는 것은 새예요
　　　　　갈매기랍니다
　해변에서 철썩이는 것은
　　　　　파도이지요

一六 ツキ

一 デタ デタ ツキ ガ、
マルイ マルイ、マンマルイ
ボン ノ ヤウナ ツキ ガ。

二 カクレタ クモ ニ、
クロイ クロイ、マックロイ
スミ ノ ヤウナ クモ ニ。

三 マタ デタ ツキ ガ、
マルイ マルイ、マンマルイ
ボン ノ ヤウナ ツキ ガ。

16. 달

1 나왔다 나왔어 달님이
  동그랗고 동그란 아주 동그란
  쟁반 같은 달님이

2 숨었다 구름속으로
  까맣고 까만 아주 새까만
  먹물 같은 구름속으로

3 다시 나왔다 달님이
  동그랗고 동그란 아주 동그란
  쟁반 같은 달님이

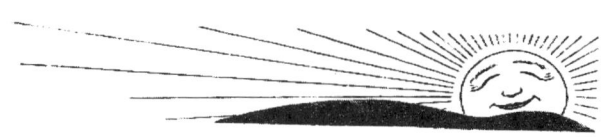

一七　オハヤウ

一　ヒガシ　ノ　山　ニ
　　オ日サマ　ノボッテ、
　　ミンナ　ノ　ハウ　ヘ、
　　ニコニコ
　　　　オハヤウ。

二　スズメ　ガ　二三バ
　　オヤネ　ニ　ナランデ、
　　オ日サマ　ムカヘ、
　　チュン　チュン、
　　　チュン　チュン、
　　　　オハヤウ。

17. 아침인사

1 동쪽 산에
  햇님이 떠올라
  모두를 향해
  싱글벙글
      아침인사

2 참새가 두세 마리
  지붕 위에 나란히
  햇님을 맞이하며
  짹 짹
    짹 짹
      아침인사

一八　ヒカウキ

一　ヒカウキ、ヒカウキ。
　　　　ラララララ　ラララ。
　　アタマ　ノ　マウヘ、
　　オミヤ　ノ　マウヘ、
　　　ドコ　ヘ　カ　イッタ。

二　ヒカウキ、ヒカウキ。
　　　　ラララララ　ラララ。
　　ムラ　カラ　マチ　ヘ、
　　マチ　カラ　クモ　ヘ、
　　　スガタ　ヲ　ケシタ。

18. 비행기

1 비행기 비행기
　　　랄랄랄랄라 랄랄라
　바로 머리 위
　사당 바로 위
　　　어디론가 갔네

2 비행기 비행기
　　　랄랄랄랄라 랄랄라
　마을에서 읍내로
　읍내에서 구름으로
　　　모습을 감췄네

一九 キクノハナ

一　ミゴト　ニ　サイタ
　　カキネ　ノ　コギク、
　　ヒトツ　トリタイ、
　　キイロナ　ハナ　ヲ、
　　ヘイタイ　アソビ　ノ
　　　　クンシャウ　ニ。

二　ミゴト　ニ　サイタ
　　カキネ　ノ　コギク、
　　ヒトツ　トリタイ、
　　マッシロナ　ハナ　ヲ、
　　ママゴト　アソビ　ノ
　　　　ゴチソウ　ニ。

19. 국화꽃

1 아름답게 피었네
  울타리의 소국(小菊)
  한 송이 꺾고 싶네
  노란 국화를
  병사놀이의
    훈장으로

2 아름답게 피었네
  울타리의 소국
  한 송이 꺾고 싶네
  새하얀 국화를
  소꿉놀이의
    잔치음식으로

二〇　ネズミノモチヒキ

一　モウ　イイ　カイ。モウ　イイ　ヨ。
　　コハイ　ミケネコ、ヨク　ネンネ。
　　ソラ　デ　ロ、ヤレ　デ　ロ、
　　　ミンナ　デロ。
　　オヒゲ　ソロヘテ
　　　チュッ　チュ　チュ　チュ。

　　　　二　モウ　イイ　カイ。モウ　イイ　ヨ。
　　　　　ウマイ　ゾ、オモチ　ダ、
　　　　　　　ガッタリ　コ。
　　　　　ソラ　ヒケ、ヤレ　ヒケ、
　　　　　　　ミンナ　ヒケ。
　　　　　シッポ　フリフリ
　　　　　　チュッ　チュ　チュ　チュ。

20. 생쥐의 떡 훔치기

1 이제 괜찮니? 그래 괜찮아
  무서운 얼룩고양이 잘도 자는구나
  자 나가자, 그래 나가자
    모두 나가자
  수염을 나란히
    찍 찍 찍 찍

          2 이제 괜찮니? 그래 괜찮아
            맛있겠다 떡이구나
                    꽈당
            자 끌자, 그래 끌자
                    모두 끌자
            꼬리를 흔들 흔들
              찍 찍 찍 찍

二一 大サム小サム

一　大サム　小サム　タンボミチ、
　　　ハダカ　ノ　ポプラ　セ　ガ　高(タカ)イ。
　　　ヒュウ　ヒュウ　風　ニ　ウナッテル。

二　大サム　小サム　カケアシ　ダ、
　　　オウチ　ノ　オツカヒ、ソラ　イソゲ。
　　　シロ、シロ、オマへ　モ　ツイテ　コイ。

21. 큰 추위 작은 추위

1 큰 추위 작은 추위 논길
   벌거숭이 포플러 키가 크구나
     휘잉 휘잉 바람에 윙윙거리네

2 큰 추위 작은 추위 달려가자
   집안의 심부름 어서 서두르자
     흰둥아 흰둥아 너도 따라 오렴

二二　タコアゲ

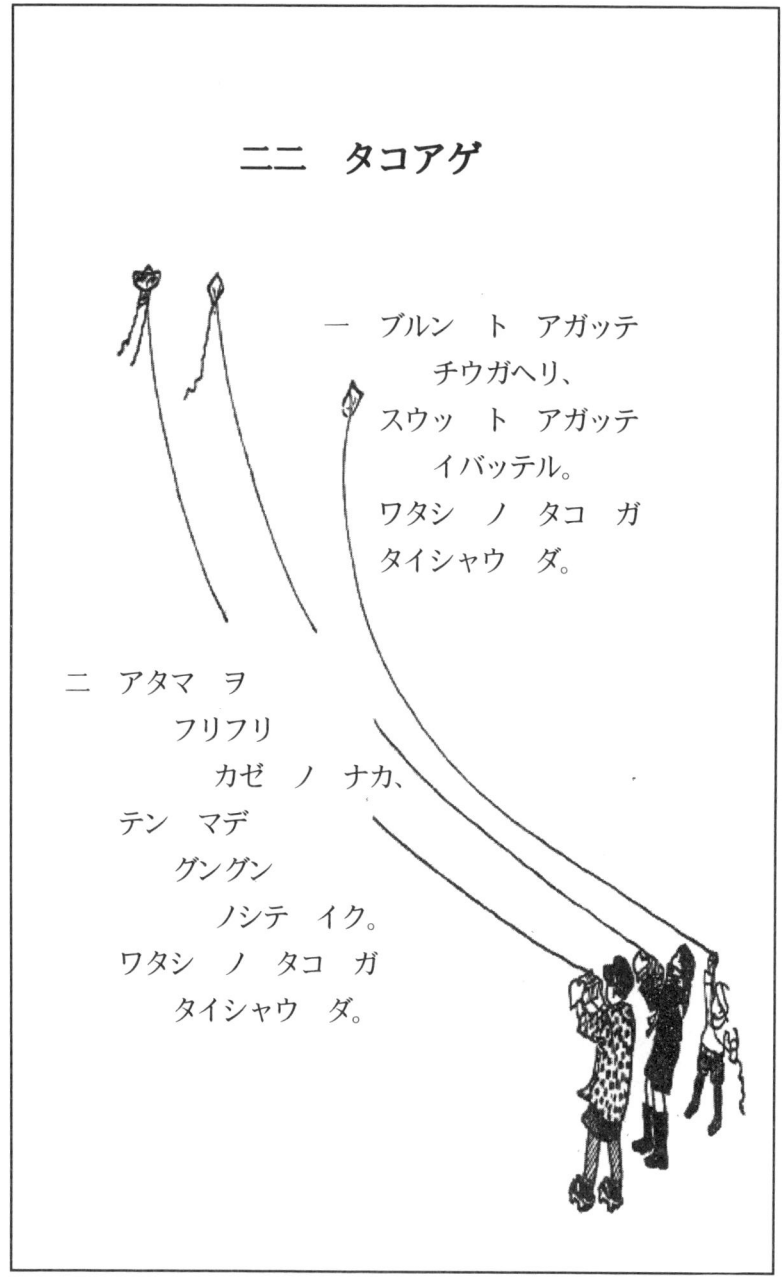

一　ブルン　ト　アガッテ
　　チウガヘリ、
　　スウッ　ト　アガッテ
　　イバッテル。
　　ワタシ　ノ　タコ　ガ
　　タイシャウ　ダ。

二　アタマ　ヲ
　　　フリフリ
　　　　カゼ　ノ　ナカ、
　　テン　マデ
　　　グングン
　　　　ノシテ　イク。
　　ワタシ　ノ　タコ　ガ
　　　タイシャウ　ダ。

22. 연날리기

1 부웅 올라서
　　공중제비 돌고
쑤욱 올라서
　　뽐내고 있네
내 연이
대장이다

　　2 머리를
　　　흔들 흔들
　　　　바람을 타고
　　하늘까지
　　　쑥 쑥
　　　　뻗어 가네
　　내 연이
　　　대장이다

二三　雪ダルマ

一　ミンナ　來イ、來イ、
　　　雪ダルマ　ツクロ。
　　大キナ、大キナ
　　　雪ダルマ　ツクロ。
　　コロガセ、コロガセ、
　　　手　ニ　イキ　カケテ。
　　コロがス　タンビ　ニ
　　　ダルマ　ハ　フトル。

二　ミンナ　見　ニ　來イ、
　　　雪ダルマ　デキタ。
　　大キナ、大キナ
　　　雪ダルマ　デキタ。
　　クロクテ　マルイ
　　　タドン　ノ　メダマ。
　　ホエツク　小犬　ヲ
　　　ダルマ　ハ　ニラム。

23. 눈사람

1   모두 모여라 모여
        눈사람을 만들자
    커다랗고 커다란
        눈사람을 만들자
    굴려라 굴려
        손을 호호 불면서
    굴릴 때마다
        눈사람은 살찐다

2   모두 보러 오너라
        눈사람이 만들어졌다
    커다랗고 커다란
        눈사람이 만들어졌다
    까맣고 동그란
        숯덩이 눈동자
    짖어대는 강아지를
        눈사람은 쏘아본다

二四　オカアサン

カアサン　オエン　デ
　　　　　ハリシゴト。
ワタシ　ハ　ソバ　デ
　　　　　ゴホン　ヨム。
大キナ　コヱ　デ
　　ヨンデ　ヰル。
カアサン　ソレ　ヲ
　　キイテ　ヰル。

24. 어머니

어머니는 툇마루에서
    바느질하시고
나는 곁에서
    책을 읽네
큰 소리로
    읽고 있네
어머니는 그 소리를
    듣고 계시네

二五　ハナサカヂヂイ

一　シャウヂキヂヂイ　ガ、
　　　　ハヒ　マケ　バ、
ノハラ　モ、山　モ
　　　ハナザカリ。
トノサマ　タイソウ
　　　ヨロコンデ、
ヂヂイ　ニ　ハウビ　ヲ
　　　クダサレル。

25. 꽃피우는 할아버지[3]

1 정직한 할아버지가

재를 뿌리니

산에도 들에도

꽃 천지

원님이 몹시

기뻐서

할아버지에게 상을

내렸네

---

3 **꽃피우는 할아버지**(花咲爺, '**하나사카세지지이**' 또는 '**하나사카지지이**'라
고도 함) : 일본의 전래동화로 "어느 작은 마을에 착한 할아버지가 살
았는데 강아지 한 마리를 정성껏 길렀다. 어느날 강아지가 땅을 긁으
며 컹컹 짖었다. 할아버지가 곡괭이로 그 땅을 파보니 궤짝에 황금이
가득하였고 절구에서도 금은보화가 나와 착한 할아버지는 금방 부자가
되었다. 욕심쟁이 할아버지가 그 이야기를 듣고 강아지와 절구를 빌려
갔지만 마음대로 안 되자, 강아지를 죽이고 절구는 불에 태워 버렸다.
한편 착한 할아버지 꿈에 개가 나와서 꽃이 피지 않는 벚나무에 재를
뿌리라고 하였다. 착한 할아버지는 임금님이 지나갈 때 재를 뿌려 예
쁜 꽃을 피우고 상을 받게 되었다. 그 이야기를 듣고 욕심쟁이 할아버
지도 질세라 똑같이 재를 뿌렸는데, 온통 재투성이가 되는 바람에 관
가에 끌려가 혼쭐이 났다."는 내용으로 되어 있다.

二　イヂワルヂヂイ　ガ、
　　　ハヒ　マケ　バ
メハナ　モ、クチ　モ
　　ハヒダラケ。
トノサマ　タイソウ
　　ハラ　ヲ　タテ、
ヂヂイ　ニ　ナハ　ヲ
　　カケラレル。

2 심술궂은 할아버지가
재를 뿌리니
눈도 코도 입도
재투성이
원님이 몹시
화가 나서
할아버지를 밧줄로
묶었다네

昭和十四年三月十二日翻刻印刷

昭和十四年三月十五日翻刻發行

〔唱歌一〕

定價金十三錢

著作權所有　著作兼發行者　朝鮮總督府

京城府大島町三十八番地

翻刻發行兼印刷者　朝鮮書籍印刷株式會社

代表者　井上主計

京城府大島町三十八番地

發行所　　朝鮮書籍印刷株式會社

일제강점기 조선총독부 편찬

초등학교 〈唱歌〉 교과서 대조번역 (中)

『初等唱歌』

第二學年

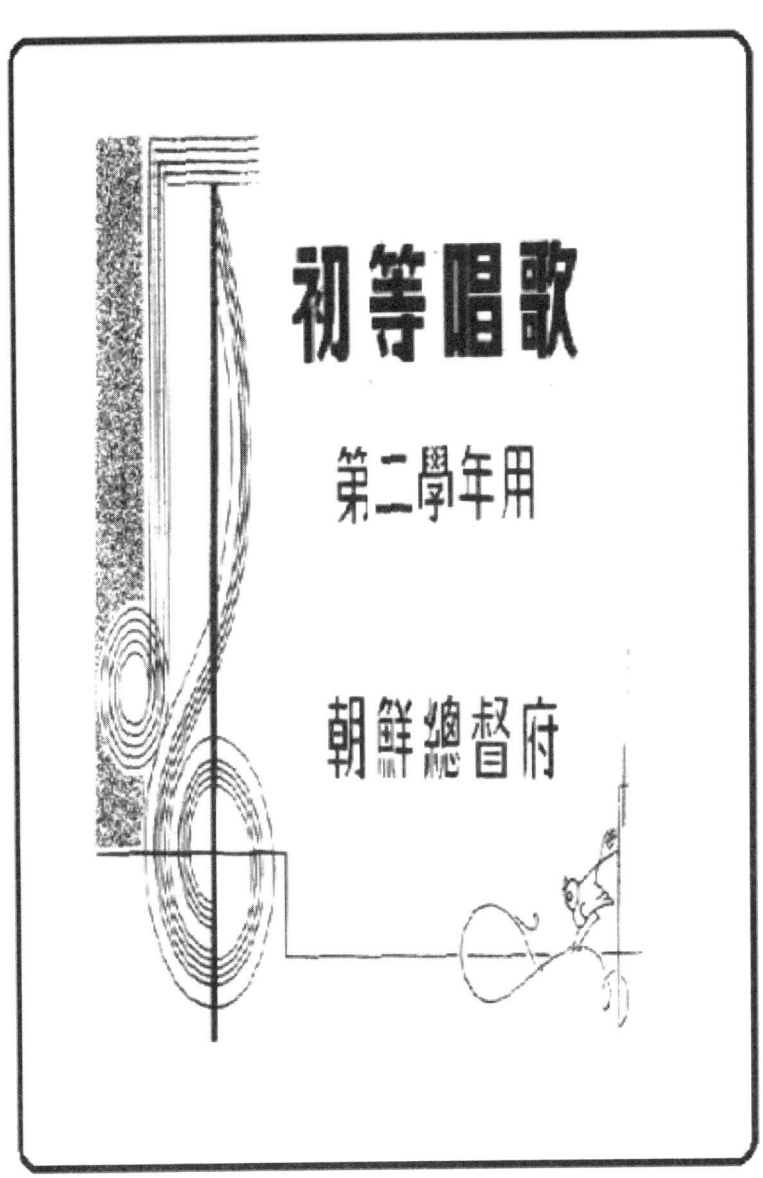

初等唱歌

第二學年用

朝鮮總督府

緒 言

一　本書ハソノ編纂ニ當リ、皇國臣民タルノ情操涵養
　　ニ適切ナル唱歌ノ採擇ニ留意セリ。

二　儀式用唱歌ハ、コレヲスベテ別冊「みくにのうた」ニ
　　輯錄セリ。

三　本書ハ音樂教育ノ進步ト時代ノ要求トニ鑑ミ、平
　　易雅正ニシテ兒童ノ心情ヲ快活醇美ナラシムルモノ
　　ヲ採擇シ、コレニ新作ヲ加ヘタルモノナリ。

四　新作歌詞ハスベテ全鮮ノ小學兒童ヨリ募集シタル
　　モノニヨル。

五　本書ノ歌詞ハ努メテ材料ヲ各方面ニ採リ、文體・
　　用語等ハ成ルベク讀本ト步調ヲ一ニセンコトヲ期セ
　　リ。

六　本書ノ教材排列ハ强ヒテ程度ノ難易ノミニヨラズ、
　　一面季節ニツキテモ考慮セリ。

昭和十四年三月　　　　　　朝 鮮 總 督 府

서언

1. 본서는 그 편찬에 있어서 황국신민다운 정조함양에 적절한 창가의 채택에 유의함.

2. 의식용 창가는 모두 별책『의식창가』에 수록함.

3. 본서는 음악교육의 진보와 시대에 호응하여, 알기쉽고 기품 있으며 바른 것으로 하여 아동의 심정을 쾌활 순수케 한 것을 취하여, 이에 신곡을 붙인 것임.

4. 신작(新作) 가사(歌詞)는 모두 조선의 모든 초등학교 아동으로부터 모집한 것에 의함.

5. 본서의 가사는 되도록 재료(材料)를 각 방면에서 취하고, 문체, 용어 등은 가능한 일본어교과서(小學校國語讀本)와 보조를 맞추려 기획함.

6. 본서의 교재배열은 일부러 난이도 뿐만 아니라 전체 계절도 고려하였음.

1939년 3월 　　　　　　　　　　 조 선 총 독 부

『初等唱歌』第二學年
『초등창가』 제2학년

目次(목차)

一 ワタシハ二年生

一 ケフ カラ ワタシ ハ 二年生。
　　コトリ モ ニハ デ ウタッテル。
　　　カハイイ オトト モ ヤッテ 來タ。
　　　　ミンナ デ ナカヨク アソバウ ヨ。

二 ケフ カラ ワタシ ハ 二年生。
　　オ日サマ 空 デ ワラッテル。
　　　センセイ ノ オカホ モ ニコニコ ダ。
　　　　ミンナ デ ナカヨク アソバウ ヨ。

1. 나는 2학년

1 오늘부터 나는 2학년
　　작은 새도 교정에서 노래하고 있다
　　귀여운 동생도 들어 왔다
　　모두 함께 사이좋게 놀자

2 오늘부터 나는 2학년
　　햇님이 하늘에서 웃고 있다
　　선생님 얼굴도 싱글벙글
　　모두 함께 사이좋게 놀자

二　春が來た

一　春　が　來た、春　が　來た、
　　どこ　に　來た。
　　山　に　來た、さと　に　來た、
　　の　にも　來た。

二　花　が　さく、花　が　さく、
　　どこ　に　さく。
　　山　に　さく、さと　に　さく、
　　の　にも　さく。

三　とり　が　なく、とり　が　なく、
　　どこ　で　なく。
　　山　で　なく、さと　で　なく、
　　の　でも　なく。

2. 봄이 왔네

1 봄이 왔네 봄이 왔어
  어디에 왔니?
  산에 왔어 마을에 왔어
  들에도 왔네

2 꽃이 피네 꽃이 피어
  어디에 피니?
  산에 피고 마을에 피고
  들에도 피네

3 새가 우네 새가 울어
  어디서 우니?
  산에서 우네 마을에서 우네
  들에서도 우네

三　サクラ

一　サイタ、サイタ、
　　サクラ　ノ　花　ガ　サイタ。
　　オ花　ノ　トンネル
　　　　　ウレシイ　ナ、
　　オ花　ノ　トンネル
　　　　　クグリマセウ。
　　サイタ、サイタ、
　　サクラ　ノ　花　ガ　サイタ。

3. 벚꽃

1 피었네 피었어
　벚꽃이 피었네
　벚꽃터널
　　　즐거워라
　벚꽃터널
　　　빠져나가자
　피었네 피었어
　벚꽃이 피었네

二　サイタ、サイタ、
　　サクラ　ノ　花　ガ　サイタ。
　　オ花　ノ　テント　ハ
　　　　　ウレシイ　ナ、
　　オ花　ノ　テント　デ
　　　　　アソビマセウ。
　　サイタ、サイタ、
　　サクラ　ノ　花　ガ　サイタ。

2 피었네 피었어
  벚꽃이 피었네
  벚꽃텐트는
        즐거워라
  벚꽃텐트에서
        놀아보자
  피었네 피었어
  벚꽃이 피었네

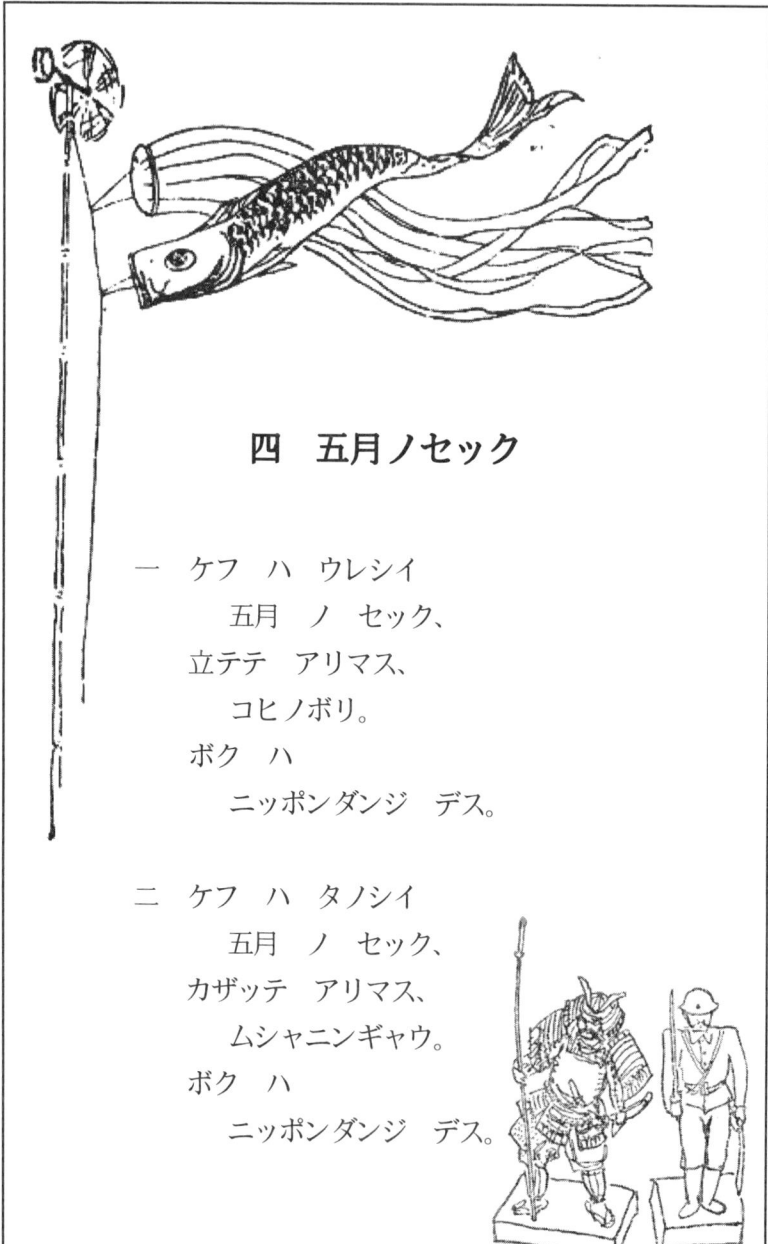

四　五月ノセック

一　ケフ　ハ　ウレシイ
　　　五月　ノ　セック、
　　立テテ　アリマス、
　　　コヒノボリ。
　　ボク　ハ
　　　ニッポンダンジ　デス。

二　ケフ　ハ　タノシイ
　　　五月　ノ　セック、
　　カザッテ　アリマス、
　　　ムシャニンギャウ。
　　ボク　ハ
　　　ニッポンダンジ　デス。

4. 5월 단오

1 오늘은 즐거운
　5월 단오[1]
세워 놓았어요
　고이노보리[2]
나는
　일본 남아랍니다

　2 오늘은 즐거운
　　5월 단오
　장식해 놓았어요
　　무사인형
　나는
　　일본 남아랍니다

1 **5월 단오**(五月ノセック) : 일본에서 5월 5일은 남자아이들의 명절이다. 이날은 남성다운 용맹과 기상을 북돋아주기 위하여 무사와 관련된 인형과 천이나 종이로 만든 잉어모양의 고이노보리(鯉登り)를 마당에 내걸고 바람에 힘차게 날게 하여 남자아이의 건강과 입신출세를 기원하였다.

2 **고이노보리**(鯉のぼり) : 에도시대(江戸時代)부터 무가(武家)에서 전해 내려온 사내아이의 건강과 입신출세를 기원하는 풍습. 해마다 5월 5일 (단오절)이 되면 각 가정에서 천 또는 종이로 만든 커다란 잉어를 장대에 높이 매달아 바람을 타고 힘차게 헤엄치게 한다.

五 ハヤオキ

一 スズメ ハ ハヤオキ
　　イツ オキル。
　イツ デモ ヨアケ ニ
　　オキテ ナク。
　ワタシ モ ハヤオキ、
　　ネムイ 目 デ、
　オキレ バ、オハヤウ、
　　チュン チュン チュン。

二 スズメ ニ マケテ モ
　　マダ 早イ。
　オカホ ヲ アラッテ
　　シンコキフ。
　ヨアケ ノ クウキ ハ
　　ヨイ クウキ。
　スズメ モ ナランデ、
　　チュン チュン チュン。

5. 일찍 일어나기

1 참새는 일찍 일어나네
　　언제 일어날까?
　항상 새벽에
　　일어나 울지요
　나도 일찍 일어나
　　졸린 눈으로
　일어나면 아침인사
　　짹 짹 짹

2 참새에겐 졌어도
　　아직 빨라요
　세수하고
　　심호흡
　새벽 공기는
　　맑은 공기
　참새도 나란히
　　짹 짹 짹

六　オタマジャクシ

一　オタマジャクシ　ハ
　　　マックロ　デ、
　　アタマ　ガ　マルク、
　　　ヲ　ガ　長ク、
　　手アシ　ガ　ナクテ　モ
　　　チョロチョロ　ト、
　　イケ　ノ　中　ヲバ
　　　ハネマハル。
　　オタマジャクシ　ハ
　　　カハイイ　ナ。

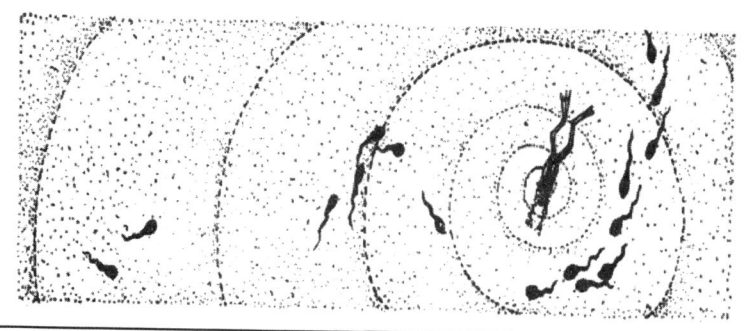

6. 올챙이

1 올챙이는
　　　　새까맣고
　　머리가 동그랗고
　　　　꼬리가 기네
　　손발이 없어도
　　　　졸랑 졸랑
　　연못속에서
　　　　헤엄쳐 다니네
　　올챙이는
　　　　귀여워라

二　オタマジャクシ　ノ
　　　　ヲ　ガ　トレテ、
蛙　ト　ナッテ
　　　目　ガ　デキテ、
アシ　ガ　デキル　ト
　　　ピョンピョン　ト、
草　ノ　中　ヲバ
　　　トビマハル。
蛙　ノ　子ドモ　ハ
　　　カハイイ　ナ。

2 올챙이의
　　　꼬리가 떨어져
　개구리가 되어
　　　눈이 생겼네
　다리가 나오면
　　　폴짝 폴짝
　풀 사이를
　　　뛰어 다니네
　어린 개구리는
　　　귀여워라

七　ひばり

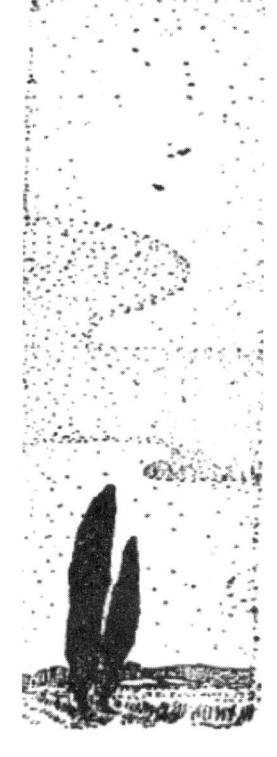

一　ぴい　ぴい　ぴい　と　さへ
　　づる　ひばり、
　　　　さへづりながら　どこ　ま
　　　で　あがる、
　　高い　高い　雲　の　上　か、
　　　　こゑ　は　きこえて　見
　　　えない　ひばり。

二　ぴい　ぴい　ぴい　と　さへづる
　　ひばり、
　　　　さへづり　やんで　どこ
　　　ら　へ　おちた、
　　青い　青い　むぎ　の　中　か
　　　すがた　かくれて　見え
　　　ない　ひばり。

7. 종달새

1 종 종 종 지저귀는 종달새
　　　지저귀면서 어디까지 올라가나
　높고 높은 구름 위일까?
　　　소리는 들려도 보이지 않는 종달새

2 종 종 종 지저귀는 종달새
　　　울음을 멈추고 어디에 앉았나
　푸르고 푸른 보리밭일까?
　　　모습을 감추고 보이지 않는 종달새

八　おにごっこ

一　おにさん　きまった、
　　　　みんな　で　にげ　ろ、
　　かはら　の　方　へ、
　　　　どんどん　にげ　ろ。

二　おにさん　早い、
　　　　いそいで　にげ　ろ、
　　お山　の　方　へ、
　　　　どんどん　にげ　ろ。

三　そら　つかまった、
　　　　こんど　は　だれ　だ、
　　おにさん　早い、
　　　　どんどん　にげ　ろ。

8. 술래잡기

1 술래가 정해졌다
　　　　일제히 도망가자
　　강변 쪽으로
　　　　어서 빨리 도망가자

2 술래는 빠르다
　　　　서둘러 도망가자
　　산 쪽으로
　　　　어서 빨리 도망가자

3 자 잡혔다
　　　　이번엔 누구지?
　　술래는 빠르다
　　　　어서 빨리 도망가자

九　てつかぶと

一　茶色　の　かぶと　てつかぶと、
　　かがやく　星　が　ついてる　よ。
　　かぶって　みたい
　　　　　　　　　てつかぶと。

二　てっぱう　の　たま　が　あたって　も、
　　びくとも　しない　てつかぶと。
　　かぶって　みたい
　　　　　　　　　てつかぶと。

9. 철모

1 갈색 투구 철모
  빛나는 별이 붙어 있지요
  써보고 싶어라
          철모

2 총알을 맞아도
  꿈쩍도 않는 철모
  써보고 싶어라
          철모

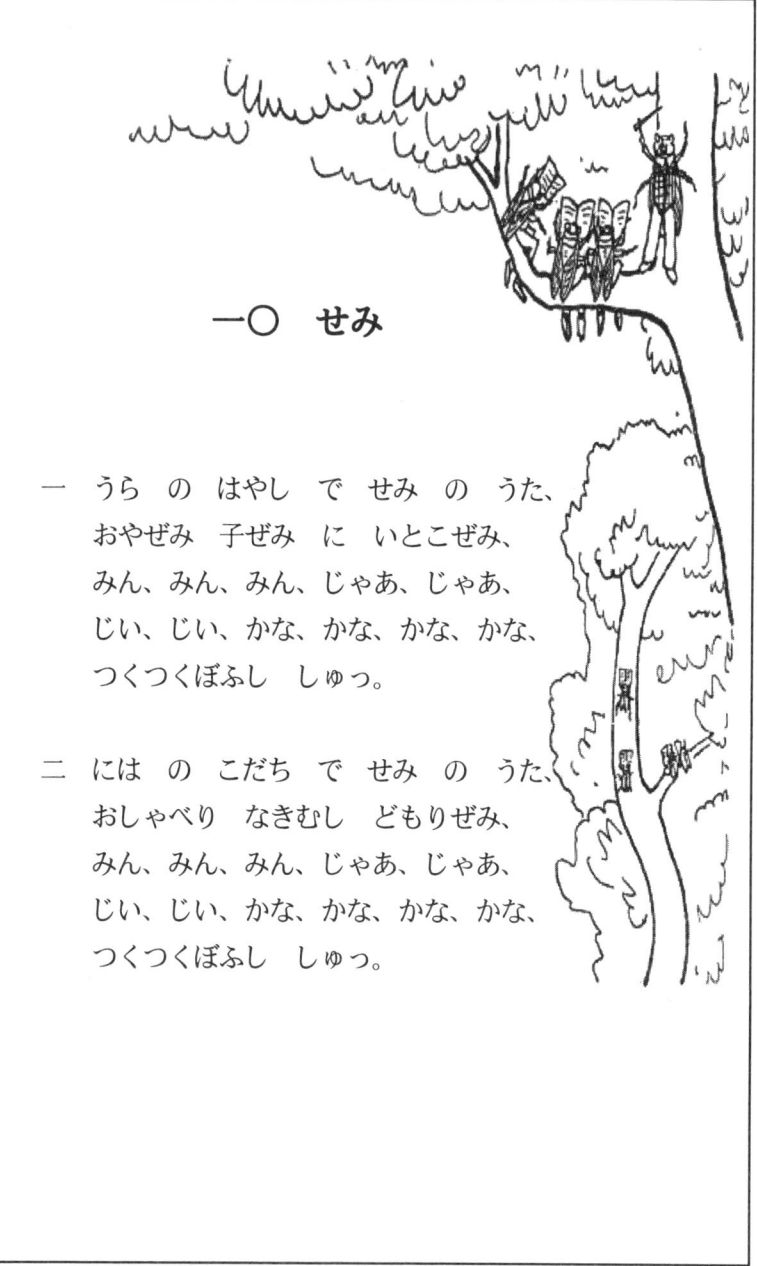

一〇 せみ

一 うら の はやし で せみ の うた、
　 おやぜみ 子ぜみ に いとこぜみ、
　 みん、みん、みん、じゃあ、じゃあ、
　 じい、じい、かな、かな、かな、かな、
　 つくつくぼふし しゅっ。

二 には の こだち で せみ の うた、
　 おしゃべり なきむし どもりぜみ、
　 みん、みん、みん、じゃあ、じゃあ、
　 じい、じい、かな、かな、かな、かな、
　 つくつくぼふし しゅっ。

10. 매미

1 뒷산 숲에서 매미의 노래
  어미매미 새끼매미에 사촌매미
  맴 맴 맴 자- 자-
  지- 지- 쓰르람 쓰르람
  쓰르 쓰르 휙

2 마당 나무에서 매미의 노래
  수다쟁이 울보 벙어리매미
  맴 맴 맴 자- 자-
  지- 지- 쓰르람 쓰르람
  쓰르 쓰르 휙

一一 さゝ舟

一 こかげ すゞしい
　　　川　の　きし、
　　さゝ　の　お舟　が
　　　できました。
　　みんな　で　なかよく
　　　ながしませう。

二 すい　すい　はしる
　　　さゝ　の　舟。
　　ふね　と　かけくら
　　　して　みませう。
　　そら　そら　いそげ、
　　　土橋　まで。

11. 조릿대 배

1 그늘져 시원한
　　냇가에서
　　조릿대 잎으로 배를
　　만들었어요
　　모두 다 사이좋게
　　띄웁시다

2 휙 휙 달린다
　　조릿대 배
　　배와 달리기 경주
　　하여 봅시다
　　어서 어서 서둘러라
　　흙다리까지

三　いちばん　先　に
　　　ついた　舟、
　　てふてふ　が　とまって
　　　をりました。
　　てふてふ　の　せんどう
　　　かはいゝ　な。

3 맨먼저
　　도착한 배
　나비가 앉아
　　있어요
　나비 사공은
　　귀여워라

一二 十五や

一 十五や　お月さま、かゞみ　の　やう　だ。
　　　あかるい　あかるい　お月さま。
　　つゆ　が　光る、くさば　が　光る、
　　　お池　の　水　も　よく　光る。

二 十五や　お月さま、ぼん　の　やう　に、
　　　まるい　まるい　お月さま。
　　何　を　あげよう、おだんご　あげよう、
　　　すゝき　も　はぎ　も　あげませう。

12. 십오야(十五夜)

1 보름달 달님 거울 같아요
　　밝고 밝은 달님
　이슬이 빛나네, 풀잎이 빛나네
　　연못의 물도 잘도 빛나네

2 보름달 달님 쟁반 같아요
　　둥글고 둥근 달님
　무엇을 드릴까요? 경단 드리지요
　　억새도 싸리도 드리겠어요

一三 ラヂオ

一 ラヂオ は はなし が おじゃ
うず だ。
まいばん かはった よい はなし、
たくさん 聞かして 下さい な。

二 ラヂオ は うた が おじゃうず だ。
まいばん ちがった よい うた を、
たくさん うたって 下さい な。

三 ラヂオ は はやおき げんきもの。
まいあさ 大きな がうれい で、
たいさう させて 下さい な。

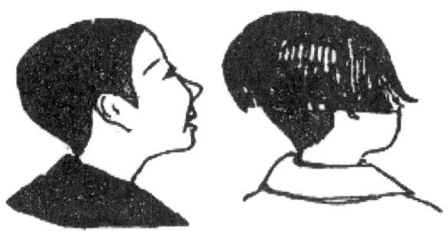

13. 라디오

1 라디오는 이야기를 잘한다
  매일 밤 신기한 좋은 이야기
  많이 들려주세요

2 라디오는 노래를 잘한다
  매일 밤 새로운 좋은 노래를
  많이 들려주세요

3 라디오는 이른 아침부터 씩씩하지요
  매일 아침 우렁찬 구령으로
  체조하게 해 주세요

一四 かゝし

一　やまだ　の　中　の
　　いっぽんあし　の　かゝし、
　天氣　の　よい　のに
　　みのかさ　つけて、
　朝　から　ばん　まで
　　たゞ　立ちどほし。
　歩けない　の　か、
　　やまだ　の　かゝし。

　　二　やまだ　の　中　の
　　　いっぽんあし　の　かゝし、
　　ゆみや　で　おどして
　　　りきんで　をれ　ど、
　　山　では　からす　が
　　　かあか　と　わらふ。
　　耳　が　ない　の　か、
　　　やまだ　の　かゝし。

14. 허수아비

1 산간 논 가운데
　　　외발의 허수아비
　날씨도 좋은데
　　　도롱이와 삿갓을 걸치고
　아침부터 밤까지
　　　줄곧 서 있네
　걸을 수 없는 걸까
　　　산간 논의 허수아비

2 산간 논 가운데
　　　외발의 허수아비
　화살로 허세부리고
　　　위협하고 있지만
　산에서는 까마귀가
　　　까악 까악 비웃네
　귀가 없는 걸까
　　　산간 논의 허수아비

一五　子牛

一　うち　の　子牛　は
　　　　かはいゝ　な。
　　いつも　おちゝ　を
　　　　のんで　ゐる。

二　うち　の　子牛　は
　　　　きれい　だ　な。
　　おや牛　いつも
　　　　なめて　やる。

三　うち　の　子牛　は
　　　　げんき　だ　な。
　　いつも　あちこち
　　　　かけまはる。

四　うち　の　子牛　は
　　　　小さい　な。
　　まっても　まっても
　　　　つの　は　でぬ。

15. 송아지

1 우리집 송아지는
　　　귀여웁지요
　언제나 젖을
　　　먹고 있네요

2 우리집 송아지는
　　　깨끗하지요
　엄마소 언제나
　　　핥아주지요

3 우리집 송아지는
　　　튼튼하지요
　언제나 여기저기
　　　뛰어다녀요

4 우리집 송아지는
　　　자그맣지요
　기다리고 기다려도
　　　뿔은 나오지 않네요

一六 すゐへいさん

一 すゐへいさん は いさましい。
　　てつ の おふね に
　　のりこん で、
　　ちゅうぎ を つくす
　　　　すゐへいさん。

二 すゐへいさん は いさましい。
　　たいはう どんと
　　うった なら、
　　てき の ぐんかん
　　　　ちんぼつ だ。

三 すゐへいさん は いさましい。
　　だいにっぽん を
　　どこ まで も、
　　まもって 下さる
　　　　すゐへいさん。

16. 해군 아저씨

1 해군 아저씨는 용감하지요
　철로 만든 배에
　올라타서
　충성을 다하는
　　　해군 아저씨

2 해군 아저씨는 용감하지요
　대포 쿵
　쏘면
　적의 군함
　　　침몰하지요

3 해군 아저씨는 용감하지요
　대일본을
　언제까지라도
　지켜주시는
　　　해군 아저씨

一七　ゑんそく

一　きれい　に　はれた　青い　空、
　　みんな　の　まってた
　　ゑんそく　だ。
　　道　には　花が　さいて　ゐる。
　　いろいろ　はなし　も
　　おもしろい。

二　だいぶ　歩いて　さか　の　上、
　　向かふ　に　海　が　見え出した。
　　早く　いきたい　あの　はま　へ、
　　みんな　の　あし　は　早く　なる。

17. 소풍

1 맑게 갠 푸른 하늘
  모두가 기다리던
  소풍이다
  길에는 꽃이 피어 있네
  여러 가지 이야기도
  재미있구나

2 한참을 걸어서 언덕 위
  저 멀리 바다가 보이네요
  빨리 가고 싶어라 저 바닷가로
  모두의 발걸음은 빨라지네

三　はま　の　くさはら　すな　の　山、
　　大きな　まつ　も　生えて　ゐる。
　　赤　白　わかれて　ぢんとり　だ。
　　おったり　にげたり
　　みな　げんき。

四　ぴい　と　なった　よ　集れ　だ。
　　まるく　わ　に　なり　草　の　上、
　　海　を　ながめて　にこにこ　と、
　　日のまる　べんたう
　　おいしい　な。

五　かへり　は　近道　さか　の　道、
　　子牛　も　山　から　かへり道。
　　橋　を　わたれ　ば　もう　村　だ。
　　學校　の　まど　が　見えて　ゐる。

3 해변의 풀밭 모래산
   커다란 소나무도 심어져 있네
   청군 백군 편을 나누어 땅 뺏기다
   쫓고 쫓기네
   모두 다 씩씩하네

4 호루라기 울렸다 모두 모여라
   동그란 원으로 풀밭 위에
   바다를 바라보며 싱글벙글
   히노마루 도시락3
   맛있구나

5 돌아가는 길은 지름길 언덕길
   송아지도 산에서 돌아가는 길
   다리를 건너니 벌써 마을이다
   학교 유리창이 보이네

---

3 **히노마루 도시락** : 네모난 도시락에 흰 밥을 담고 한가운데 붉은 매실
   장아찌를 동그란 모양으로 얹어놓아 마치 히노마루(日のまる、일장기)
   를 연상케 하였다는 데서 유래된 도시락을 말한다.

一八　もみぢ

一　秋 の ゆふ日 に てる 山
　もみぢ、
　　こい も うすい も か
　ず ある 中 に、
　　まつ を いろどる　か
　へで や つた は、
　　山 の ふもと の す
　そもやう。

二　谷 の ながれ に ちり う
　く もみぢ、
　　波 に ゆられて はなれ
　て よって、
　　赤 や 黄色 の 色 さ
　まざま に、
　　水 の 上 にも お
　る にしき。

18. 단풍

1 가을 석양에 비치는 산 단풍
　　진한 것도 연한 것도 가지 가지 중에서
　　　소나무를 물들이는 단풍나무와 담쟁이는
　　　산기슭의 옷자락 무늬

2 흐르는 계곡 물에 떨어져 떠 있는 단풍
　　　물결에 흔들리어 흩어졌다 모였다
　　빨강 노랑 가지각색으로
　　　물 위에서도 짜여진 비단

一九　浦島(うらしま)太郎

一　むかし、むかし、浦島　は
　　たすけた　かめ　に　つれられて、
　　龍宮城(りゅうぐうじゃう)へ　來て　見れ　ば、
　　ゑ　にも　かけない　美しさ。

二　おとひめさま　の　ごちそう　に、
　　たひ　や　ひらめ　の　まひをどり、
　　たゞ　めづらしく　おもしろく、
　　月日　の　たつ　も　ゆめ　の　中。

三　あそび　に　あきて　氣　が　ついて、
　　おいとまごひ　も　そこそこ　に、
　　かへる　とちゅう　の　たのしみ　は、
　　みやげ　に　もらった　玉手箱。

19. 우라시마타로[4]

1 옛날 옛날 우라시마는
  구해 준 거북이에 이끌려서
  용궁에 와 보니
  그림으로도 그릴 수 없는 아름다움이어라

2 공주님의 맛있는 음식에
  도미와 광어의 무용
  그저 신기하고 재미있어서
  세월이 가는 것도 꿈속이어라

3 놀기에 질려서 정신이 들어
  작별인사도 하는 둥 마는 둥
  돌아오는 도중의 즐거움은
  선물로 받은 보석함이어라

4 **우라시마타로(浦島太郎)** : 일본 전래동화의 주인공. "거북이를 구해 준
  인연으로 용궁에 초대받아 공주에게 융숭한 대접을 받으며 세월이 가
  는 줄도 모르고 즐겁게 지내다가 드디어 정신을 차리고 집으로 돌아와
  보니 부모님과 옛 집은 간데없고 자신은 백발노인이 되었다"는 이야기
  의 주인공이다.

四　かへって　見れ　ば、こ　は　いか　に、
　　もと　ゐた　家　も　村　も　なく、
　　道　に　ゆきあふ　人々　は、
　　かほ　も　知らない　者(もの)　ばかり。

五　心細さ　に　ふた　とれ　ば、
　　あけて　くやしき　玉手箱、
　　中　から　ぱっと　白煙(しろけむり)、
　　たちまち　太郎　は　お爺(ぢい)さん。

4 돌아 와 보니 이게 무슨 일
  원래 있던 집도 마을도 없고
  길에서 마주친 사람들은
  얼굴도 모르는 사람 뿐이어라

5 궁금하여 뚜껑을 열어보니
  열어서 후회스런 보석함
  안에서 확 솟아오른 하얀 연기
  순식간에 다로는 할아버지 되었네

二〇　時計(とけい)の歌(うた)

一　時計 は 朝 から、かっちん、かっちん、
　　おんなじ ひゞき で　動いて をれ ども、
　　ちっとも おんなじ　　　所 を さゝず に、
　　晩 まで かうして、　　　かっちん、かっちん。

二　時計 は 晩 でも　　　　かっちん、かっちん、
　　われら が 寝床(ね　　　どこ) で 休んで を
　　る まも、
　　ちっとも 休まず、　　　息(いき) をも　つが
　　ず に、
　　朝 まで かうして、　　かっちん、かっちん。

20. 시계 노래

1 시계는 아침부터 똑딱 똑딱
　항상 같은 소리로 움직이고 있어도
　잠시도 같은 곳을 가리키지 않고
　밤까지 이렇게 똑딱 똑딱

2 시계는 밤에도 똑딱 똑딱
　우리들이 잠자리에서 자고 있을 때도
　잠시도 자지 않고 쉬지 않고
　아침까지 이렇게 똑딱 똑딱

二一　おとうさん

一　お日様　西　に　かたむいた、
　　そろそろ　とうさん　かへります。
　　お庭　を　はいて　水　まいて、
　　ほんと　に　涼(すゞ)しく　なりました。

二　いつもの　橋　まで　行きませう。
　　ポプラ　並木(なみき)　の　木　の　かげ　に、
　　とうさん　見つけた　妹(いもうと)　は、
　　両手　を　上げて　はしります。

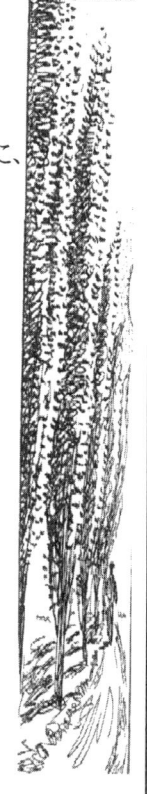

21. 아버지

1 햇님이 서쪽으로 기울어가네
  지금쯤 아버지가 돌아오시겠지
  마당을 쓸고 물을 뿌려서
  정말로 시원해졌습니다

2 평소처럼 다리까지 가보자
  포플러 가로수 나무 그늘에
  아버지를 발견한 누이동생은
  두 손 높이 들고 달려갑니다

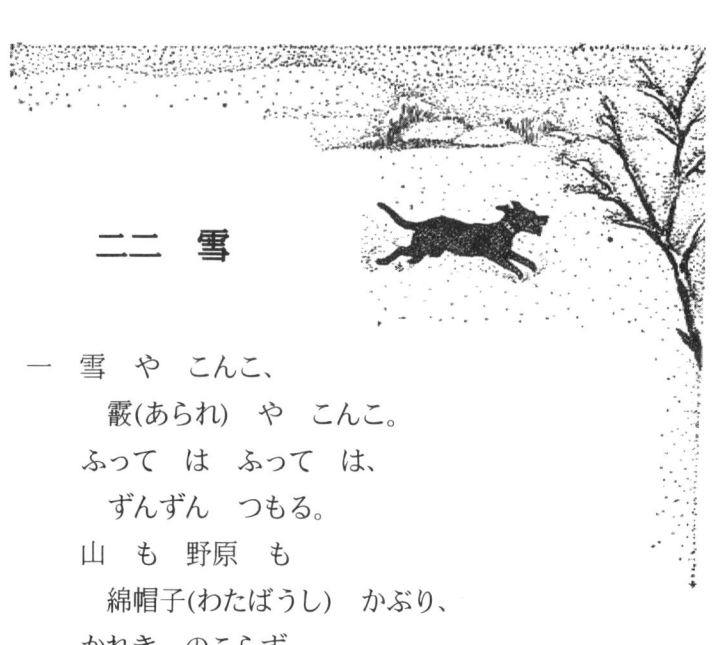

二二 雪

一 雪 や こんこ、
　　霰(あられ) や こんこ。
　　ふって は ふって は、
　　　ずんずん つもる。
　　山 も 野原 も
　　　綿帽子(わたばうし) かぶり、
　　かれき のこらず
　　　花 が さく。

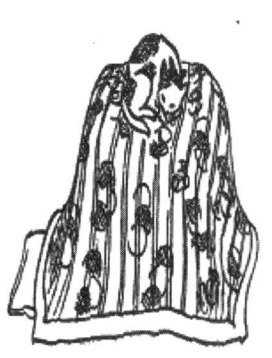

二 雪 や こんこ、
　　霰(あられ) や こんこ。
　　ふって も ふって も、
　　　まだ ふりやまぬ。
　　犬 は よろこび
　　　庭 かけまはり、
　　ねこ は こたつ で
　　　まるく なる。

22. 눈

1 눈이여 내려라
　　싸락눈아 내려라
내리고 내려서
　　소복 소복 쌓여라
산도 들판도
　　솜모자 쓰고
고목나무 모두 다
　　눈꽃이 피었네

2 눈이여 내려라
　　싸락눈아 내려라
내려도 내려도
　　멈추지 않네
개는 기뻐서
　　마당을 뛰어다니고
고양이는 고타쓰5에
　　웅크리고 앉았네

5 **고타쓰**(こたつ) : 일본 전통의 난방기구. 탁자 밑에 발열기구를 배치하고, 그 위에 이불을 덮은 형태로, 한국과 같은 온돌이 없는 일본에서 겨울을 보낼 때 없어서는 안 될 난방용품이다.

二三　ひなまつり

一　ひなまつり、ひなまつり、
　けふ は うれしい
　　ひなまつり、
　　みんな で たのしく 遊
　　(あそ)びませう。

二　だいりさま、だいりさま、
　一番 たふとい
　　だいりさま、
　　みんな で いっしょ に い
　　はひませう。

三　おひなさま、おひなさま、
　きれい に ならんだ
　　おひなさま、
　　にっこり わらって 下
　　さい な。

23. 히나마쓰리

1 히나마쓰리6 히나마쓰리
　　오늘은 즐거운
　　　히나마쓰리
　　　모두다 즐겁게 놀아보아요

2 천황님 천황님
　　가장 존귀한
　　　천황님
　　　모두 다함께 축하합시다

3 황후님 황후님
　　나란히 늘어선
　　　황후님
　　　방긋 웃어 주세요

---

6 **히나마쓰리**(ひな祭り) : 3월 3일은 '여자아이를 위한 어린이날'로, 이 무
　렵 복숭아꽃이 피는 까닭에 모모노셋쿠(桃の節句)라고도 한다. 이 날은
　여자아이의 성장과 행복 그리고 건강을 기원하는 축제를 하는데, 천황
　가의 모습을 본뜬 히나인형(雛人形)을 계단형 장식대에 장식하는 풍습
　이 있어 이를 '히나마쓰리'라고 한다.

二四　那須餘一(なすのよいち)

一　源平(げんぺい)　勝負(しょうぶ)　の　晴(はれ)
　　の　場所(ばしょ)、
　　武運(ぶうん)　は　この　矢　に　さだまる　と、
　　那須餘一　は　いっしんふらん、
　　ねらひ　さだめて　ひょう　と　射る。

二　あふぎ　は　夕日　に　きらめきて
　　ひらひら　落ちゆく　波の　上、
　　那須餘一　の　譽(ほまれ)　は　今　も、
　　屋島(やしま)　の　浦(うら)　に　なりひびく。

24. 나스노요이치

1 겐페이(源平)7 승부의 영광스런 장소
  운세는 이 화살로 정해진다고
  나스노요이치8는 일심불란(一心不亂)
  목표를 정하고 퓽 하고 쏜다

2 부채는 석양에 반짝거리며
  펄럭 펄럭 떨어지네 파도 위로
  나스노요이치의 명성은 지금도
  야시마포구9에 울려 퍼진다

7 **겐페이(源平)** : 11세기 헤이안(平安) 말기 극한 대립상태에 있던 미나모토(源)가문과 다이라(平)가문을 말한다. 헤이안 말기 이 두 가문의 전쟁이 치열하게 전개되는데, 처음에는 다이라 가문이 우세하다가, 마침내 미나모토 가문이 승리하여 가마쿠라(鎌倉)에 막부(幕府)를 열게 됨에 따라 무사정권 시대가 도래하게 된다.

8 **나스노요이치(那須餘一, 1168~?)** : 미나모토 요리토모(源賴朝)를 따라 다이라(平)가문을 정벌한 일본 가마쿠라(鎌倉)의 장수로, 오코시마 전투에서 적의 배에 달린 부채를 화살을 쏘아 떨어뜨린 명궁으로 알려져 있다.

9 **야시마(屋島)** : 헤이안(平安) 말기인 1185년 겐페이(源平)전투가 치열했던 지역으로, 현재는 시코쿠(四國) 동북부 가가와현(香川県)의 다카마쓰시(高松市)이다.

二五　富士(ふじ)の山

一　あたま を 雲 の 上 に 出し、
　　四方　の 山 を 見おろして、
　　かみなりさま を
　　　　下 に 聞く、
　　富士 は
　　日本一　の 山。

二　青空　高く
　　そびえ立ち、
　　からだ に 雪 の 着物 着て、
　　霞(かすみ) の すそ を 遠く ひく、
　　富士 は 日本一　の 山。

25. 후지산

1 머리를 구름 위에 내밀고
  사방의 산을 내려다보며
  천둥소리도
            아래에서 들려오네
  후지산은
  일본 제일의 산

2 파란 하늘에 높이
  우뚝 솟아
  온몸에 눈옷 입고
  안개 낀 산자락 멀리 뻗치네
  후지산은 일본 제일의 산

昭和十四年三月十二日飜刻印刷 （昭歌二） 九

昭和十四年三月十五日飜刻發行 定價金十三錢

著作權所有 著作兼 發行者 朝 鮮 總 督 府

京城府大島町三十八番地

飜刻發行 兼印刷者 朝鮮書籍印刷株式會社

代表者 井 上 主 計

京城府大島町三十八番地

發 行 所 朝鮮書籍印刷株式會社

일제강점기 조선총독부 편찬
초등학교 〈唱歌〉 교과서 대조번역 (中)

『初等唱歌』

第三學年

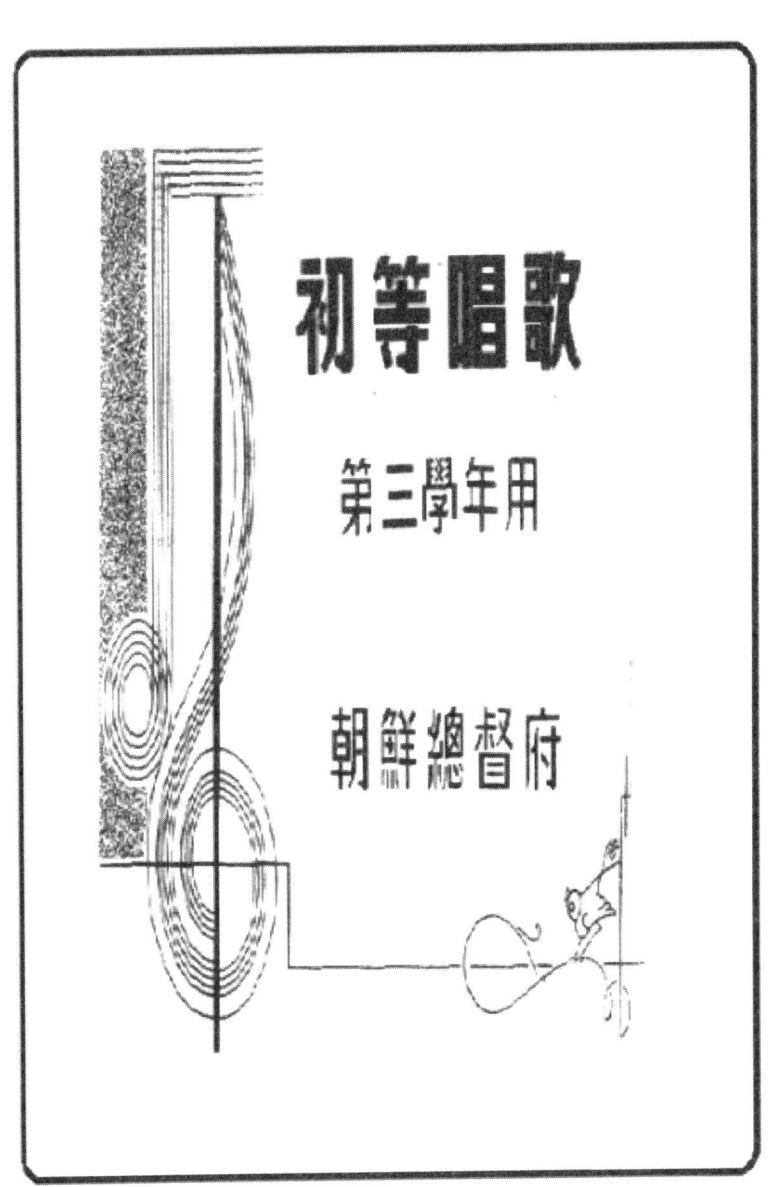

初等唱歌

第三學年用

朝鮮總督府

緒　言

一　本書ハソノ編纂ニ當リ、皇國臣民タルノ情操涵養ニ
　　適切ナル唱歌ノ採擇ニ留意セリ。

二　儀式用唱歌ハ、コレヲスベテ別冊「みくにのうた」
　　ニ輯錄セリ。

三　本書ハ音樂教育ノ進步ト時代ノ要求トニ鑑ミ、平易
　　雅正ニシテ兒童ノ心情ヲ快活醇美ナラシムルモノヲ
　　採擇シ、コレニ新作ヲ加ヘタルモノナリ。

四　新作歌詞ノ大牛ハ全鮮ノ小學兒童ヨリ募集シタルモ
　　ノニヨル。

五　本書ノ歌詞ハ努メテ材料ヲ各方面ニ採リ、文體・用
　　語等ハ成ルベク讀本ト步調ヲ一ニセンコトヲ期セ
　　リ。

六　本書ノ教材排列ハ強ヒテ程度ノ難易ノミニヨラズ、
　　一面季節ニツキテモ考慮セリ。

昭和十五年三月　　　　　　　　朝　鮮　總　督　府

서언

1. 본서는 그 편찬에 있어서 황국신민다운 정조함양에 적절한 창가의 채택에 유의함.

2. 의식용 창가는 모두 별책 『의식창가』에 수록함.

3. 본서는 음악교육의 진보와 시대에 호응하여, 알기쉽고 기품있으며 바른 것 그대로 아동의 심정을 쾌활 순수케 한 것을 취하여, 이에 신곡을 붙인 것임.

4. 신작(新作) 가사(歌詞)는 모두 조선의 모든 초등학교 아동으로부터 모집한 것에 의함.

5. 본서의 가사는 되도록 재료(材料)를 각 방면에서 취하고, 문체, 용어 등은 가능한 일본어교과서(小學校國語讀本)와 보조를 맞추려 기획함.

6. 본서의 교재배열은 일부러 난이도 뿐만 아니라 전체 계절도 고려하였음.

1940년 3월   조 선 총 독 부

「初等唱歌」第三學年
『초등창가』 제3학년

目次(목차)

一　れんげふ

一　垣根(かきね)のれんげふ
　　　まぶしく咲(さ)いた。
　　　勳章(くんしやう)のやうに
　　　きいろく光(ひか)る。

二　きいろいれんげふ
　　　花火(はなび)のやうだ。
　　　お空(そら)の雲(くも)まで
　　　きいろく見(み)える。

1. 개나리

1 울타리의 개나리
　눈부시게 피었네
훈장처럼
　노랗게 빛나네

2 노란 개나리
　불꽃 같네
하늘의 구름까지
　노랗게 보이네

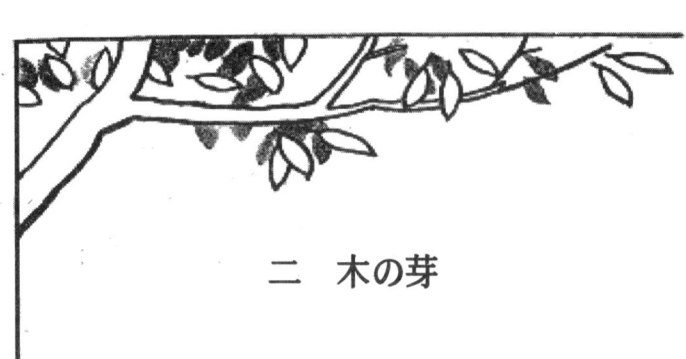

二　木の芽

一　昨夜(ゆふべ)の雨(あめ)で生(う)まれたか、
　　今朝(けさ)の光(ひかり)で育(そだ)つたか、
　　赤(あか)や緑(みどり)やさまざまの
　　色(いろ)美(うつく)しい木(き)の新芽(しんめ)。

二　日(ひ)に日(ひ)にのびる木(き)の新芽(しんめ)、
　　春(はる)の力(ちから)を身(み)にうけて、
　　赤(あか)も緑(みどり)もいつしかに
　　皆(みな)美(うつく)しい葉(は)となるよ。

2. 새순

1 어젯밤 비로 싹텄을까?
  아침 햇살로 자라났을까?
  빨강이나 녹색 등 여러 가지로
  색깔도 예쁜 나무의 새순

2 나날이 자라나는 나무의 새순
  봄기운을 온몸에 받아
  빨강도 녹색도 어느 틈엔가
  모두 아름다운 잎이 되지요

三　二宮金次郎

一　柴(しば)かり、繩(なは)なひ、草鞋(わらぢ)をつくり、
　親(おや)の手(て)をすけ、弟(おとと)を世話(せわ)し、
　兄弟(きやうだい)なかよく孝行(かうかう)つくす
　手本(てほん)は二宮金次郎(にのみやきんじらう)。

二　骨身(ほねみ)ををしまず仕事(しごと)をはげみ、
　夜(よ)なべすまして手習(てならひ)讀書(とくしよ)、
　せはしい中(なか)にもたゆまず學(まな)ぶ
　手本(てほん)は二宮金次郎(にのみやきんじらう)。

3. 니노미야 긴지로

1 땔나무하고 새끼를 꼬고 짚신을 삼아
　부모 일손 거들며 동생을 돌보고
　형제가 사이좋게 효행을 다하는
　모범은 니노미야 긴지로[1]

　2 고생을 마다않고 일하는 데 힘쓰고
　　밤일을 끝내고는 습자와 독서
　　바쁜 중에도 꾸준히 공부하는
　　모범은 니노미야 긴지로

---

1 **니노미야 긴지로**(二宮金次郎, 1787~1856) : 에도(江戸) 후기의 농촌운동가. 아명은 니노미야 손토쿠(二宮尊德)이다. 어린 나이에 부모를 여위게 되자 동생들을 친척집에 맡기고 낮에 일하고 밤에는 공부하면서 일가를 부흥시킨 입지전적인 인물이다. 제1기 1904年 국정교과서 이후 1945년 패전하기까지 〈修身〉, 〈國語〉, 〈唱歌〉 교과서에 빠짐없이 등장하는 근면 성실의 상징적 인물이다. 현재 일본의 각처에 지게를 지고 걸어가면서 책을 읽고 있는 그의 동상이 세워져 있다.

三　家業(かげふ)大事(だいじ)に、費(つひえ)をはぶき、
　　少(すこ)しの物(もの)をも粗末(そまつ)にせずに、
　　遂(つひ)には身(み)をたて、人(ひと)をも救(すく)ふ
　　手本(てほん)は二宮金次郎(にのみやきんじらう)。

3 가업을 중히하고 낭비를 줄여
  사소한 것이라도 소중히 여겨
  마침내 출세하여 백성까지 구제하는
  모범은 니노미야 긴지로

四　靑葉

一　雨(あめ)がやむ、
　　雲(くも)が散(ち)る。
　　雲(くも)のあとにうねうねと、
　　　　靑葉(あをば)若葉(わかば)の山々(やまやま)が、
　　　　遠(とほ)く近(ちか)く殘(のこ)る。

　　二　風(かぜ)が吹(ふ)く、
　　　　木(き)が搖(ゆ)れる。
　　　　木々(きぎ)の影(かげ)はゆらゆらと、
　　　　水(みづ)の面(おもて)に地(ち)の上(うへ)に、
　　　　靑(あを)く黑(くろ)く映(うつ)る。

4. 신록

1 비가 그치고
　구름이 걷힌다
　구름 끝에 굽이 굽이
　신록 푸르른 산들이
　가까이 멀리 보이네

　2 바람이 불고
　　나무가 흔들린다
　　나무 그림자들은 한들 한들
　　수면 위에 땅 위에
　　푸르게 검게 비치네

五　ぶらんこ

一　ぶらんこ上(あが)れ、ぐうんと上(あが)れ、
　　アカシヤの上(うへ)に　そらとゞく、
　　白(しろ)いお花(はな)が　咲(さ)いてゐる。
　　つばめと一(いつ)しよに
　　　　きやうさうだ。

二　ぶらんこ下(さが)れ、すうつと下(さが)れ、
　　お庭(には)一(いち)めん　花(はな)ざかり、
　　妹(いもうと)にこにこ　笑(わら)つてる。
　　てふてふもみんな
　　　　なかよしだ。

5. 그네

1 그네야 올라라 쑤욱 올라라
   아카시아 위로 하늘 닿도록
   하얀 꽃이 피어 있네
   제비와 함께
            시합이다

2 그네야 내려라 스르르 내려라
   마당엔 온통 꽃이 만발하고
   여동생 싱글벙글 웃고 있네
   나비들도 모두들
            사이좋구나

三　ぶらんこ上(あが)れ、

　　　　ぐうんと上(あが)れ、

　森(もり)の上(うへ)より　まだ高(たか)い、

　遠(とほ)くにはたが

　　　　立(た)つてゐる。

　お空(そら)の雲(くも)も　來(く)るやうだ。

3 그네야 올라라
　　　　쑤욱 올라라
　숲 위보다 더 높이
　저 멀리 국기가
　　　　세워져 있네
　하늘의 구름도 다가오는 듯하구나

六　茶摘

一　夏(なつ)も近(ちか)づく八十八
　　夜(はちじふはちや)、
　　野(の)にも山(やま)にも若葉
　　(わかば)が茂(しげ)る。
　　　「あれに見(み)えるは茶摘
　　　(ちやつみ)ぢやないか。
　　　あかねだすきに菅(すげ)
　　　の笠(かさ)。」

二　日和(ひより)つゞきの今日(け
　　ふ)この頃(ごろ)を、
　　心(こころ)のどかに摘(つ)み
　　つゝ歌(うた)ふ。
　　　「摘(つ)めよ、摘(つ)め摘(つ)
　　　め、摘(つ)まねばならぬ、
　　　摘(つ)まにや日本(にほん)
　　　の茶(ちや)にならぬ。」

6. 찻잎 따기

1 여름도 가까운 팔십팔일 날2
   산에도 들에도 새잎이 무성하네
   "저기 보이는 건 찻잎 따기 아니야?
   붉은 끈 다스키3에 사초삿갓 쓰고"

2 맑은 날 계속되는 요즘 이 절기에
   마음도 한가롭게 찻잎 따며 노래하네
   "따세나 따세 따세, 따지 않으면 안되네
   따지 않고선 일본차가 될 수 없다네"

2 **팔십팔일 날**(八十八夜) : 일본의 농가에서 파종 혹은 찻잎 따는 적당한
   시기로 여기는 입춘(立春)으로부터 88일째의 날(5월 2일경)을 말한다.
3 **다스키**(襷) : 농촌에서 일할 때 옷소매를 걷어 올리기 위해 양 어깨에
   서 양 겨드랑이로 X자 모양으로 어긋 매는 어깨띠를 말한다.

七　汽車

一　今(いま)は山中(やまなか)、今(いま)は濱(はま)、
　　今(いま)は鐵橋(てつけう)渡(わた)るぞと、
　　思(おも)ふ間(ま)もなく、トンネルの
　　闇(やみ)を通(とほ)つて廣野原(ひろのはら)。

二　遠(とほ)くに見(み)える村(むら)の屋根(やね)、
　　近(ちか)くに見(み)える町(まち)の軒(のき)。
　　森(もり)や林(はやし)や田(た)や畠(はたけ)、
　　後(あと)へ後(あと)へと飛(と)んで行(い)く。

三　廻(まは)り燈籠(どうろう)の畫(ゑ)のやうに
　　變(かは)る景色(けしき)のおもしろさ。
　　見(み)とれてそれと知(し)らぬ間(ま)に
　　早(はや)くもすぎる幾十里(いくじふり)。

7. 기차

1 금세 산속 벌써 해변
　지금 철교를 지난다고
　생각할 틈도 없이 터널의
　어두움 지나서 넓은 들판

2 멀리 보이는 마을 지붕
　가깝게 보이는 동네 처마
　숲과 임야와 논과 밭
　뒤로 뒤로 날아가네

3 회전하는 주마등 그림처럼
　바뀌는 풍경의 즐거움
　넋을 잃고 보다가 깨닫지 못하는 사이에
　빨리도 지나가네 몇십 리 길

八　とんび

一　飛(と)べ　飛(と)べ
　　とんび　空(そら)高(たか)く、
　　なけ　なけ
　　とんび　靑空(あをぞら)に、
　　ピンヨロ　ピンヨロ
　　ピンヨロ　ピンヨロ
　　樂(たの)しげに輪(わ)をかいて。

8. 솔개

1 날아라 날아
　솔개 하늘 높이
　울어라 울어
　솔개 푸른 하늘에
　삐 — 삐 삐 — 삐
　삐 — 삐 삐 — 삐
　즐거운 듯이 동그라미 그리며

二 飛(と)ぶ　飛(と)ぶ
　とんび　空(そら)高(たか)く、
　なく　なく
　とんび　青空(あをぞら)に、
　ピンヨロ　ピンヨロ
　ピンヨロ　ピンヨロ
　樂(たの)しげに輪(わ)をかいて。

2 난다 날아
  솔개 하늘 높이
  운다 울어
  솔개 푸른 하늘에
  삐 ― 삐 삐 ― 삐
  삐 ― 삐 삐 ― 삐
  즐거운 듯이 동그라미 그리며

九 白帆

一 朝(あさ)の青空(あをぞら)　かもめがまふよ。
おきへ出(で)ていく　大船(おほぶね)小舟(こぶね)、
かけた白帆(しらほ)に　そよかぜうけて、
ゆらり　ゆらゆら　ならんでいくよ。

二　晝(ひる)の砂山(すなやま)　ひばりがなくよ。
　海(うみ)のむかふに　ならんだ白帆(しらほ)、
　一(ひ)二(ふ)三(み)四(よ)五(い)六(む)七(な)と
　かぞへてゐると、
　うとり　うとうと　ねむたくなるよ。

三　夕日(ゆふひ)　あかあか　あしたもなぎよ。
　とれた　さかなを　山(やま)ほどつんだ
　舟(ふね)のせんどさん　白帆(しらほ)のかげで、
　にこり　にこにこ　わらつてゐるよ。

9. 흰 돛

1 아침의 파란 하늘 갈매기가 춤추네
  먼 바다로 나아가는 큰 배 작은 배
  올린 흰 돛에 산들바람 받으며
  흔들 한들한들 줄지어가지요

    2 한낮의 모래언덕 종달새가 우네요
      바다 저편에 늘어선 흰 돛
      하나 둘 셋 넷 다섯 여섯 일곱 헤아리고 있
      으면
      깜박 꾸벅꾸벅 졸리네요

    3 새빨간 저녁노을 내일도 잔잔하겠네
      잡은 생선을 산더미만큼 싣고서
      배의 선장님 흰 돛대 그늘에서
      싱긋 싱글벙글 웃고 있지요

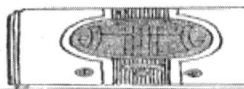

一〇　ラヂオ體操の歌

　一　躍(をど)る朝日(あさひ)の
　　　光(ひかり)を浴(あ)びて、
　　　曲(ま)げよ　伸(のば)せよ
　　　吾等(われら)が腕(かひな)。
　　　　ラヂオは號(さけ)ぶ　一二三。

二　かをる黑土(くろつち)
　　　玉露(たまつゆ)ふんで、
　　　跳(は)ねよ　躍(をど)れよ
　　　吾等(われら)が跣(すあし)。
　　　　ラヂオは號(さけ)ぶ　一二三。

10. 라디오체조 노래

1 솟아오르는 아침 해의
   햇살 받으며
   굽히세요 펴세요
   우리들의 팔
         라디오는 구령하네 하나 둘 셋

2 산뜻한 흙내음
   구슬 같은 이슬 밟고
   뛰어요 돌아요
   우리들의 맨발
   라디오는 구령하네 하나 둘 셋

三　淸(きよ)い朝霧(あさぎり)
　　涼風(すゞかぜ)うけて、
　　吸(す)へよ　出(いだ)せよ
　　吾等(われら)が大氣(たいき)。
　　　　ラヂオは號(さけ)ぶ　一二三。

四　吾等(われら)手足(てあし)の
　　うちまふところ、
　　强(つよ)く　明(あ)かるく
　　天地(てんち)も躍(をど)る。
　　　　ラヂオは號(さけ)ぶ　一二三。

3 상쾌한 아침 안개
  산들바람 맞으며
  마셔요 내쉬어요
  우리들의 대기(大氣)
      라디오는 구령하네 하나 둘 셋

4 우리들의 손발을
  힘껏 흔들어대면
  힘차고 활기차게
  천지도 춤추네
      라디오는 구령하네 하나 둘 셋

一一　虹

一　かゝるよ、　かゝるよ、　空(そら)の虹(にじ)。
　あの輪(わ)のむかふはどこの國(くに)、
　こちらはわたしの住(す)むお國(くに)。

　　二　七色(なゝいろ)だんだら、空(そら)の虹(に
　　じ)。
　　森(もり)から立(た)つのか、　川(かは)からか、
　　きれいな日(ひ)がてる雨(あめ)あがり。

11. 무지개

1 떴구나 떴어 하늘의 무지개
   저 동그라미 건너편엔 어떤 나라?
   여기는 내가 사는 나라

2 일곱빛깔 가로무늬 하늘의 무지개
   숲에서 나온 걸까? 강에서일까?
   맑은 해가 비치네 비가 개었네

三　高(たか)いな、 高(たか)いな、 空(そら)の虹(にじ)。
あの橋(はし)わたるはどこのたれ、
　わたしもあの橋(はし)
　　わたりたい。

四　きれいなきれいな空(そら)の虹(にじ)。
みんなとならんで
　　　見(み)てるまに、
だんだんはしから消(きえ)てゆく。

3 높구나 높아 하늘의 무지개
　　저 다리 건넌 이는 어디 사는 누구?
　　　나도 저 다리
　　　　　건너고 싶어라

4 아름답구나 아름다워 하늘의 무지개
　　모두들 늘어서서
　　　보고 있는 사이에
　점점 끝에서 사라져 가네

一二　とんぼ

一　うちのお庭(には)の日まはりに
　　どこから來(き)たか赤(あか)
　　とんぼ、
　　　　あたり見(み)ながらちよ
　　つと止(とま)つた。

二　そろりそろりと近(ちか)よつて
　　　せみとりそつとさしだすと、
　　　　あたまかしげてすつと
　　にげた。

三　くりくりめだま赤(あか)い胴(ど
　　う)、
　　　銀(ぎん)のつばさの戰鬪機(せ
　　んとうき)、
　　　　靑(あを)いお空(そら)をと
　　んでゐる。

12. 잠자리

1 우리집 마당의 해바라기에
　　어디에서 왔을까 고추잠자리
　　　　주위를 둘러보며 살짝 앉았네

2 살금 살금 다가가서
　　잠자리채 살짝 내미니
　　　　고개를 갸웃하고 휙 도망갔네

3 동글 동글 눈동자 빨간 몸통
　　은빛날개 전투기
　　　　파란 하늘을 날고 있네

一三　栗ひろひ

一　からりと晴(は)れた秋日和(あきびより)
　　友(とも)だちみんな連(つ)れだつて、
　　樂(たの)しい樂(たの)しい栗(くり)ひろひ、
　　川(かは)の向(む)かふの栗山(くりやま)へ。

二　兄(にい)さんすばやく木(き)に登(のぼ)り
　　ゆすればぱらぱら落(お)ちてくる。
　　「みんなで拾(ひろ)へ競爭(きやうさう)だ、
　　いがが落(お)ちるぞ、氣(き)をつけろ。」

13. 밤 줍기

1 활짝 개인 맑은 가을날
　친구들 모두 함께 나서서
　즐겁고 즐거운 밤 줍기
　강 건너 밤산으로

2 형은 재빠르게 나무에 올라
　흔드니 후드득 후드득 떨어지네
　"모두 함께 주어라 시합이다.
　밤송이가 떨어진다 조심해라"

三　廣(ひろ)くつゞいた栗林(くりばやし)、
　　「おうい。」とよんだら向(む)かふでも、
　　「おうい。」と云つてよつてきた。
　　「たくさんあつた。」とうれしさう。

四　茶色(ちやいろ)の大きなこの栗(くり)で、
　　晩(ばん)にはおいしい栗(くり)ごはん。
　　軍歌(ぐんか)うたつて歸(かへ)らうよ、
　　重(おも)いふくろを皆(みな)下(さ)げて。

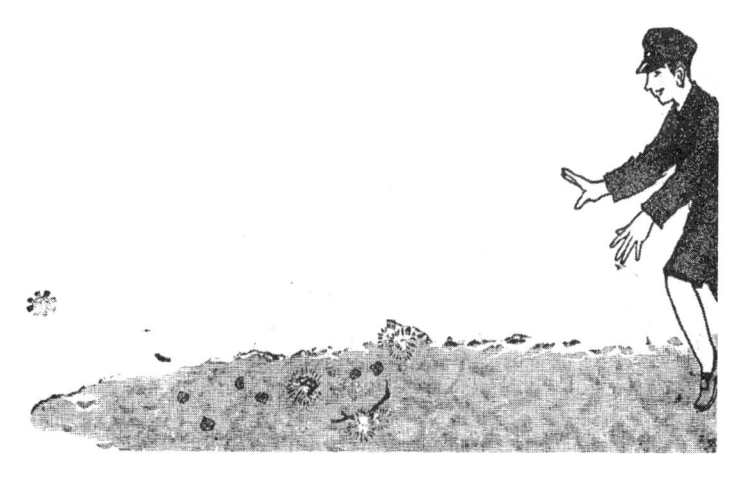

3 넓게 이어진 밤나무 숲
　"어-이"하고 부르면 건너편에서도
　　"어-이"하고 다가온다
　　　　"많이 있다"고 기쁜 듯이

4 갈색의 커다란 이 밤으로
　저녁에는 맛있는 밤밥
　　군가를 부르며 돌아가자
　　　　무거운 자루를 모두 들고서

一四　きのことり

一　さく、さく、さく、さく、
　　　　　おとがする。
　　雜木林(ざふきばやし)の　おちばみち、
　　きのこ取(とり)にと　わけのぼる。
　　山(やま)はしづかな　雨(あめ)あがり。

二　さく、さく、さく、さく、
　　　　　ふんでゆく。
　　兄(あに)と第(おとと)の　くつのおと、
　　いさむ足(あし)どり　氣(き)もかるく、
　　手(て)には　しめぢや
　　　　　ねずみだけ。

14. 버섯 따기

1 바스락 바스락 바스락 바스락
　　　소리가 나네
　잡목림의 낙엽길
　버섯 따러 헤치고 올라가네
　산은 조용하네 비는 그치고

2 바스락 바스락 바스락 바스락
　　　밟으며 가네
　형과 동생의 발소리
　씩씩한 발걸음 마음도 가볍게
　손에는 송이버섯이랑
　　　싸리버섯

三　さく、さく、さく、さく、
　　　　とほざかる。
　ふたりなかよき　うしろかげ、
　夕日(ゆふひ)　さしそふ
　　　木(こ)のまより
　山(やま)のきこりの　歌(うた)の聲(こゑ)。

3 바스락 바스락 바스락 바스락
　　　 멀어져 가네
　 둘이서 사이좋은 뒷모습
　 석양이 비치는
　　　 나무 사이로
　 나무꾼의 노랫소리

一五　村祭

一　村(むら)の鎮守(ちんじゆ)の神様(かみさま)の
今日(けふ)はめでたい御祭日(おまつりび)。
　　どんどんひやらら、どんひやらら、4
　　朝(あさ)から聞(きこ)える笛太鼓(ふえたいこ)。

二　年(とし)も豐年(ほうねん)滿作(まんさく)で、
村(むら)は總出(そうで)の大祭(おほまつり)。
　　どんどんひやらら、どんひやらら、
　　夜(よる)まで賑(にぎは)ふ宮(みや)の森(もり)。

4 악보상에는 "どんどんひやらら、どんひやらら、" 부분이 한번 더 반복되어 있음

15. 마을축제

1 마을을 지키는 수호신의
　오늘은 경사스런 축제일
　　　　두둥 삐리리 두둥 삐리리
　　　　아침부터 들리는 피리 북소리

2 올해도 풍년 풍작으로
　마을사람 모두 모인 큰 축제
　　　　두둥 삐리리 두둥 삐리리
　　　　저녁까지 활기찬 신사의 숲

三　治(をさま)る御代(みよ)に神様(かみさま)の
　　めぐみ仰(あふ)ぐや村祭(むらまつり)。
　　　どんどんひやらら、どんひやらら、
　　　聞(き)いても心(こころ)が勇(いさ)み立(た)
　　つ。

3 평화로운 천황 치세에 신의
  은혜 받드는 마을축제
    둥둥 삐리리 두둥 삐리리
    듣기만 해도 마음이 용솟음치네

一六　俵の山

一　稲(いね)は上出來(じやうでき)、とりいれた
　　米(こめ)の俵(たはら)を山(やま)とつむ。
　　つんだ俵(たはら)に日がさして、
　　くらはこがねの山(やま)となる。

二　鳩(はと)もよろこぶ、雞(にはとり)も
　　米(こめ)の俵(たはら)をふみしめて、
　　時(とき)をつくれば
　　　　　　晴々(はればれ)と
　　秋(あき)はゆたかな
　　　　　　家(いへ)となる。

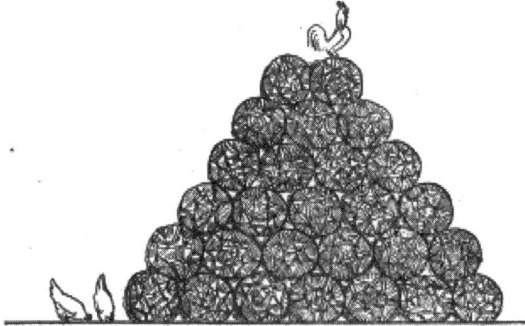

16. 쌀섬 노적

1 벼는 풍작, 수확한
  볏섬을 산처럼 쌓았네
  쌓아놓은 볏섬에 햇살이 들어
  창고는 황금산이 되었네

2 비둘기도 기뻐하네, 닭도
  볏섬을 힘껏 딛고 서서
  때를 알리니
        화창한
  가을은 풍요로운
        집이 되었네

三　土(つち)にこぼれたひとつぶも
　　米(こめ)はお國(くに)のたからもの。
　　つんだ俵(たはら)は富士(ふじ)の山(やま)。
　　國(くに)はお米(こめ)の山(やま)となる。

3 땅에 떨어진 한 톨이라도
  쌀은 나라의 보물
  쌓은 볏섬은 후지산
  나라는 쌀로 산이 되었네

一七　雁がわたる

一　雁(かり)がわたる、
　　鳴(な)いてわたる。
　　　　鳴(な)くはなげきか喜(よろこび)か。
　　　　月(つき)のさやかな秋(あき)の夜(よ)に、
　　　　棹(さを)になり、かぎになり、
　　　　わたる雁(かり)、おもしろや。

二　雁(かり)がおりる、
　　連(つ)れておりる。
　　　　連(つれ)は親子(おやこ)か友(とも)だちか。
　　　　霜(しも)の眞白(ましろ)な秋(あき)の田(た)に、
　　　　睦(むつ)ましく連(つ)れだちて
　　　　おりる雁(かり)、おもしろや。

17. 기러기가 날아간다

1 기러기가 건너간다
　울면서 건너간다
　　　우는 것은 탄식일까 기쁨일까?
　　　달빛 밝은 가을밤에
　　　삿대가 되고 갈고리 모양이 되어
　　　날아가는 기러기 재미있구나

2 　기러기가 내려온다
　함께 내려온다
　　　동행은 가족일까 친구들일까?
　　　서리가 새하얀 가을 논에
　　　사이좋게 동행하여
　　　내려오는 기러기 재미있구나

一八　軍旗

一　かしこくも、
　　天皇陛下(てんのうへいか)、
　　御手(みて)づから、
　　　授(さづ)け給(たま)うた
　　　尊(たふと)い軍旗(ぐんき)、尊(たふと)い軍旗
　　　(ぐんき)。

二　身(み)をすてて、
　　皇國(みくに)のために、
　　まつしくら、進(すす)む兵士(へいし)の
　　　しるしの軍旗(ぐんき)、しるしの軍旗(ぐんき)。

18. 군기(軍旗)

1 황송하옵게도
　천황폐하
　친히
　　　　하사하신
　　존엄한 군기 존엄한 군기

2 이 한몸 바쳐서
　황국(皇國)을 위해
　힘차게 전진하는 병사의
　　상징인 군기 상징인 군기

三　みだれ飛(と)ぶ

たまに破(やぶ)れて、

戰(たゝかひ)のでがら⁵をかたる

　ほまれの軍旗(ぐんき)、ほまれの軍旗(ぐんき)。

四　おごそかな

ラツパのひゞき、

目(め)の前(まへ)を今(いま)過(す)ぎて行(い)く

　尊(たふと)い軍旗(ぐんき)。拜(はい)せよ、軍旗

　(ぐんき)。

3 빗발치듯 날아드는
  탄환에 찢겨서
  전투 공적을 말해 주는
        명예로운 군기 명예로운 군기

4 엄숙한
  나팔의 울림
  지금 눈앞을 지나가네
        존엄한 군기 경배하세 군기

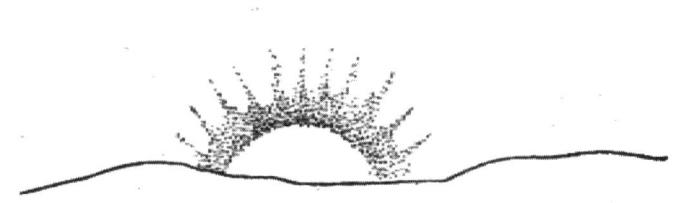

一九　お正月

　一　おめでたう　お父(とう)さん。
　　　おめでたう　お母(かあ)さん。
　　　　みんな元氣(げんき)で　にこにこだ、
　　　　うれしい今日(けふ)は　お正月(しやうぐわつ)。

　二　うれしいね　お正月(しやうぐわつ)。
　　　うれしいね　お正月(しやうぐわつ)。
　　　　日(ひ)の丸(まる)立(た)てる　日(ひ)がのぼ
　　　　る、
　　　　宮城遙拜(きゆうじやうえうはい)　いたし
　　　　ませう。

19. 설날

1 복 많이 받으세요. 아버지
　복 많이 받으세요. 어머니
　　　모두 활기차게 싱글벙글
　　　즐거운 오늘은 설날

2 즐거워요 설날
　즐거워요 설날
　　　일장기 세우네, 해가 떠오르네
　　　궁성요배(宮城遙拜)6합시다

---

6 **궁성요배(宮城遙拜)** : 일본 천황의 황궁이 있는 쪽을 향하여 요배(절)
하는 행위. 궁성요배는 일본인 뿐만 아니라 일본이 지배하던 식민지에
서도 행해졌는데, 일제말기에 이르러 더욱 엄격히 시행되었다. 한국에
서도 황궁이 있는 동쪽을 향하여 절하는 동방요배(東方遙拜)가 강제되
었다.

三　ありがたう　先生(せんせい)。
　ありがたう　兵隊(へいたい)さん。
　　今年(ことし)も私(わたし)は　勉強(べんき
　やう)して、
　　もつとよい子(こ)に　なりますよ。

3 고마워요 선생님
  고마워요 군인 아저씨
     올해도 나는 공부해서
     더욱 착한 어린이가 되겠어요

二〇　氷すべり

一　すべれすべれ、みんな出(で)てすべれ。
　　今日(けふ)はにちえう日本晴(につぽんばれ)だ。
　　風(かぜ)はさむいが、氷(こほり)はあつい。
　　山(やま)は白雪(しらゆき)ぎんびやうぶ。

二　すべるすべる、みんな出(で)てすべる。
　　ならひはじめはすつてんころり、
　　おきてころんでころんでおきて、
　　人(ひと)にすがつてまたすべる。

三　なれたなれた、いつのまにかなれた。
　　なれてしまへば平氣(へいき)なもんだ。
　　おひつおはれつ、矢(や)よりも早(はや)く
　　きやうぎ、おにごと曲(きよく)すべり。

20. 스케이트

1 스케이트 타자 타 모두 나와 타보자
  오늘은 일요일 쾌청한 날씨구나
  바람은 찬 데 얼음은 두텁다
  온 산은 하얀 눈 은색 병풍

2 스케이트를 탄다 타 모두 나와 탄다
  처음 배울 때는 나뒹굴고
  일어나면 넘어지고 넘어지면 일어서서
  남에게 의지하여 다시 탄다

3 익혔네 익혔어 어느 틈에 익혔네
  익숙해지면 이렇게 쉬운 걸
  쫓고 쫓기고 화살보다 빠르게
  시합, 술래잡기, 묘기부리기

二一　ちくおんき

一　きれいな聲(こゑ)で
　　　　　　あいらしく
　　　唱歌(しやうか)を　歌(うた)ふ
　　　　　　ちくおんき。
　　　みんなも　一(いつ)しよに
　　　　　　歌(うた)ひませう。
　　　あゝ　おもしろい
　　　　　　ちくおんき。

二　大(おほ)きな聲(こゑ)で
　　　　　　勇(いさ)ましく
　　　唱歌(しやうか)を　歌(うた)ふ
　　　　　　ちくおんき。
　　　みんなも　あはせて
　　　　　　歌(うた)ひませう。
　　　あゝ　おもしろい
　　　　　　ちくおんき。

21. 축음기

1 고운 목소리로
　　　　　사랑스럽게
　창가를 노래하는
　　　　　축음기
　모두 함께
　　　　　불러봅시다
　오 - 신기한
　　　　　축음기

2 큰 목소리로 우렁차게
　창가를 노래하는
　　　　　축음기
　모두 다 맞춰서
　　　　　불러봅시다
　오 - 신기한
　　　　　축음기

二二　やさしい心

一　けはしい山(やま)みち
　　　　日がくれて、
　　谷(たに)まに夜(よ)ぎりがこめてくる。
　　　　たび人(びと)のせてゆく馬(うま)の
　　　　あゆみも今(いま)はおもさうに。

二　「おまへも、おなかがすいたらう。」と
　　やさしくいたはる馬方(うまかた)の
　　　　ことばのまこときゝわけて、
　　　　馬(うま)もつかれがなほるだらう。

三　むしをも、鳥(とり)をも、草木
　　(くさき)をも、
　　あはれむやさしい思(おもひ)から、
　　　　たふとく高(たか)くうつくしい
　　　　人(ひと)のこゝろの
　　　　花(はな)はさく。

22. 상냥한 마음씨

1 험난한 산길
　　　　　　해가 저물어
　　골짜기에 밤안개가 자욱해지네
　　　　나그네 태우고 가는 말의
　　　　발걸음도 이제는 무거운 듯하네

2 "너도 배가 고프겠구나"하고
　　상냥하게 위로하는 마부의
　　　　진심어린 말을 알아듣고서
　　　　말도 피로가 풀리겠지

3 벌레도 새도 초목도
　　애틋해하는 상냥한 마음에서
　　　　존귀하고 드높고 아름다운
　　　　사람의 마음꽃이 피네

二三　千早城

一　千早(ちはや)の城(しろ)をとりまいた
　　　百萬(ひやくまん)あまりの賊(ぞく)の軍(ぐん)、
　　　　こんな小城(こじろ)と侮(あなど)つて
　　　　　陣(ぢん)をもとらず攻(せ)め上(のぼ)る。

二　石(いし)につぶされ死(し)ぬるやら、
　　　旗(はた)をとられてにげるやら、
　　　　わら人形(にんぎやう)にだまされて
　　　　　笑(わら)はれるやら笑(わら)ふやら。

23. 지하야성

1 지하야성7을 에워싼
  백만 남짓의 반란군
  "요런 작은 성쯤이야"라고 얕보고
      대오도 갖추지 않고 쳐들어가네

2 돌에 맞아 죽기도 하고
  군기를 빼앗겨 도망치기도 하고
  볏짚인형에 속아 넘어가
      조롱당하기도 하고 비웃기도 하고

---

7 **지하야성**(千早城) : 일본 오사카부 미나미카와치군에 소재한 구스노키 마사시게(楠木正成)의 성. 가마쿠라 시대의 무장 구스노키 마사시게(楠木正成)가 곤고산(金剛山) 일대에 쌓은 산성 중 하나인 지하야성은 주위가 절벽으로 둘러싸인 천연의 요새를 갖춘 데다 마사시게군의 충성심을 보여준 유명한 성이다. 1333년 1000여 명의 마사시게군은 최후의 보루인 지하야성에서 버티며 성을 포위한 가마쿠라 막부의 대군을 맞아 돌과 나무, 불 등으로 공격하는 등 선전함으로써 가마쿠라 막부를 멸망으로 이끌었다. 이후 남북조시대에 하타케야마의 공격으로 함락되었다.

三　これではならぬ一(ひと)いきに
　　　今度(こんど)こそはといきまいて、
　　　　　谷(たに)に渡(わた)した雲(くも)はしご
　　　　　　進(すす)め進(すす)めと上(のぼ)りくる。

四　城(しろ)の方(はう)では用意(ようい)した
　　　油(あぶら)たいまつなげつける、
　　　　　橋(はし)は中(なか)からもえおちて
　　　　　　谷(たに)はたちまちあび地獄(ぢごく)。

3 "이래서는 안되겠다"고 단숨에
　 "이번에야말로" 라며 벼르고
　　 계곡에 걸친 구름사다리
　　　 "돌진해라 돌진해"하고 쳐들어오네

4 성 쪽에서는 준비해 둔
　 횃불을 내던지니
　　 다리는 가운데부터 불 타 끊어져
　　　 계곡은 순식간에 아비규환의 지옥

五　あゝ忠臣(ちゆうしん)の楠公(なんこう)が、
　　あげし忠義(ちゆうぎ)の旗風(はたかぜ)に
　　　官軍(くわんぐん)次第(しだい)にふるひたち、
　　　賊(ぞく)はちりぢりひいてゆく。

5 아- 충신 난코(楠公)8가
　　치켜든 충의의 깃발 기세에
　　관군이 점차 위세를 떨치니
　　반란군은 뿔뿔이 흩어져가네

8 **난코(楠公)** : 가마쿠라 시대 말기부터 남북조(南北朝) 시대까지 활약한
가와치(河內)지방의 무장 구스노키 마사시게(楠木正成)를 말함. 가마쿠
라 말기 고다이고(後醍醐) 천황의 막부 타도에 동참하여 막부로부터
악당(惡堂)이라 불리었다. 가마쿠라 막부를 타도한 이후 천황친정체제
를 확립해 가던 중 아시카가 다카우지(足利尊氏)가 또다시 천황을 등
지고 막부를 세우려 하자 황실의 편에 서서 끝까지 싸우다 미나토(湊)
강 전투에서 패하게 되자 자결하였다. 메이지유신 이후 남조에 황실의
정통성을 두게 되면서 구스노키 마사시게의 천황에 대한 충성심이 재
조명되어 다이난코(大楠公)으로 불리게 되었으며, 강담(講談) 등에서는
『삼국지연의(三國志演義)』의 천재 지략가 제갈량(諸葛亮)과 견주어 지
략과 충성을 겸비한 참모의 상징적 인물로 이미지화 하였다. 그리하여
제2차 세계대전 당시 황국사관(皇國史觀)에 입각한 '충신의 표상' 혹은
'일본인의 귀감'으로 상찬되어 수신교육에 이용되었다.

二四　かぞへ歌

一(ひと)つとや　人々(ひとびと)忠義(ちゆうぎ)を第一(だいい
　　　　　　ち)に、
　　　　　　あふげや、高(たか)き君(きみ)の恩(おん)、
　　　　　　國(くに)の恩(おん)。
二(ふた)つとや　二人(ふたり)のおやごを大切(たいせつ)に、
　　　　　　思(おも)へや、ふかき父(ちゝ)の愛(あい)、
　　　　　　母(はゝ)の愛(あい)。
三(みつ)つとや　みきは一(ひと)つの枝(えだ)と枝(えだ)、
　　　　　　仲(なか)よく暮(くら)せよ、兄弟(あにおと
　　　　　　と)・姉妹(あねいもと)。
四(よつ)つとや　善(よ)き事(こと)たがひにすゝめあひ、
　　　　　　惡(あ)しきをいさめよ、友(とも)と友(と
　　　　　　も)、人(ひと)と人(ひと)。

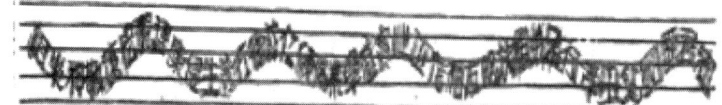

24. 숫자 노래

하나하면, 한 사람 한 사람의 충의를 제일로
우러르세 높은 천황의 은혜 나라의 은혜

둘하면, 두 분 부모님을 소중하게
새겨두세 깊은 아버지의 사랑 어머니의 사랑

셋하면, 같은 뿌리에서 나온 줄기와 줄기
사이좋게 살아보세 형제 자매여

넷하면, 좋은 일은 서로 권하고
나쁜 일은 충고하세 친구끼리 사람끼리

五(いつ)つとや　いつはりいはぬが子供(こども)らの
　　　　　　　學(まな)びのはじめぞ、愼(つゝし)めよ、い
　　　　　　　ましめよ。
六(むつ)つとや　昔(むかし)を考(かんが)へ、今(いま)を知
　　　　　　　(し)り、
　　　　　　　學(まなび)の光(ひかり)身(み)にそへよ、身
　　　　　　　(み)につけよ。
七(なゝ)つとや　難儀(なんぎ)をする人(ひと)見(み)るときは、
　　　　　　　力(ちから)のかぎりいたはれよ、あはれめ
　　　　　　　よ。
八(やつ)つとや　病(やまひ)は口(くち)より入(い)るといふ、
　　　　　　　飲物(のみもの)・食物(くひもの)氣(き)を附
　　　　　　　(つ)けよ、心(こゝろ)せよ。
九(こゝの)つとや　心(こゝろ)はかならず高(たか)くもて、
　　　　　　　たとひ身分(みぶん)はひくくとも、輕(か
　　　　　　　る)くとも。

다섯하면, 거짓말을 하지 않는 것이 아이들의
배움의 시작이라 삼가하세 훈계하세

여섯하면, 옛 것을 존중하여 미래를 알아
형설의 공 갖추어서 몸에 익히세

일곱하면, 어려움에 처한 사람을 볼 때는
힘닿는 대로 돌보세 긍휼히 여기세

여덟하면, 만병은 입으로 들어온다 하니
먹을 것과 마실 것에 주의하세 마음에 두세

아홉하면, 포부는 최대한 높게 가지세
비록 신분은 낮거나 천할지라도

十(とほ)とや　　遠(とほ)き祖先(そせん)のをしへをも
守(まも)りてつくせ、家(いへ)のため、國
(くに)のため。

열하면,   옛 조상의 가르침도
          힘써 지키세 가문을 위해 나라를 위해

二五　日本の子供

一　芽生(めばえ)だ、芽生(めばえ)だ、
　　ぼくたちは、
　　すくすく伸(の)びるわかい芽(め)だ。
　　靑(あを)いお空(そら)の陽(ひ)をあびて
　　すくすく天(てん)まで伸(の)びる木(き)だ。

二　若芽(わかめ)よ、若芽(わかめ)よ、
　　わたしらは、
　　ぐんぐん伸(の)びてしげる木(き)よ。
　　大地(だいち)にうんと根(ね)をはつて
　　ぐんぐん茂(しげ)る大木(たいぼく)よ。

三　若木(わかぎ)だ、若木(わかぎ)だ、
　　日本(にっぽん)の、
　　伸(の)びてしげつて太(ふと)る木(き)だ。
　　雨(あめ)に嵐(あらし)にきたはれて
　　いまにお國(くに)をせおふ木(き)だ。

25. 일본 어린이

1 새싹이다 새싹이다
  우리들은
  쑥 쑥 자라는 어린 싹이다
  푸른 하늘 햇볕을 받아
  쑥 쑥 하늘까지 자라나는 나무다

2 어린싹이라네 어린싹이라네
  우리들은
  무럭 무럭 자라 무성해질 나무라네
  대지에 굳건히 뿌리를 내리고
  무럭 무럭 우거질 큰 나무라네

3 어린나무다 어린나무다
  일본의
  자라고 무성해지고 굵어질 나무라네
  비바람을 견뎌내어
  머지않아 나라를 짊어질 재목이라네

昭和十五年二月二十五日印刷　〔唱歌 三〕色

昭和十五年二月二十八日翻刻發行　定價金十四錢

著作權所有　著作兼發行者　朝 鮮 總 督 府

京城府大島町三十八番地

翻刻發行兼印刷者　朝鮮書籍印刷株式會社

代表者　井 上 主 計

京城府大島町三十八番地

發 行 所　　朝鮮書籍印刷株式會社

일제강점기 조선총독부 편찬
초등학교 〈唱歌〉 교과서 대조번역 (中)

『初等唱歌』

第四學年

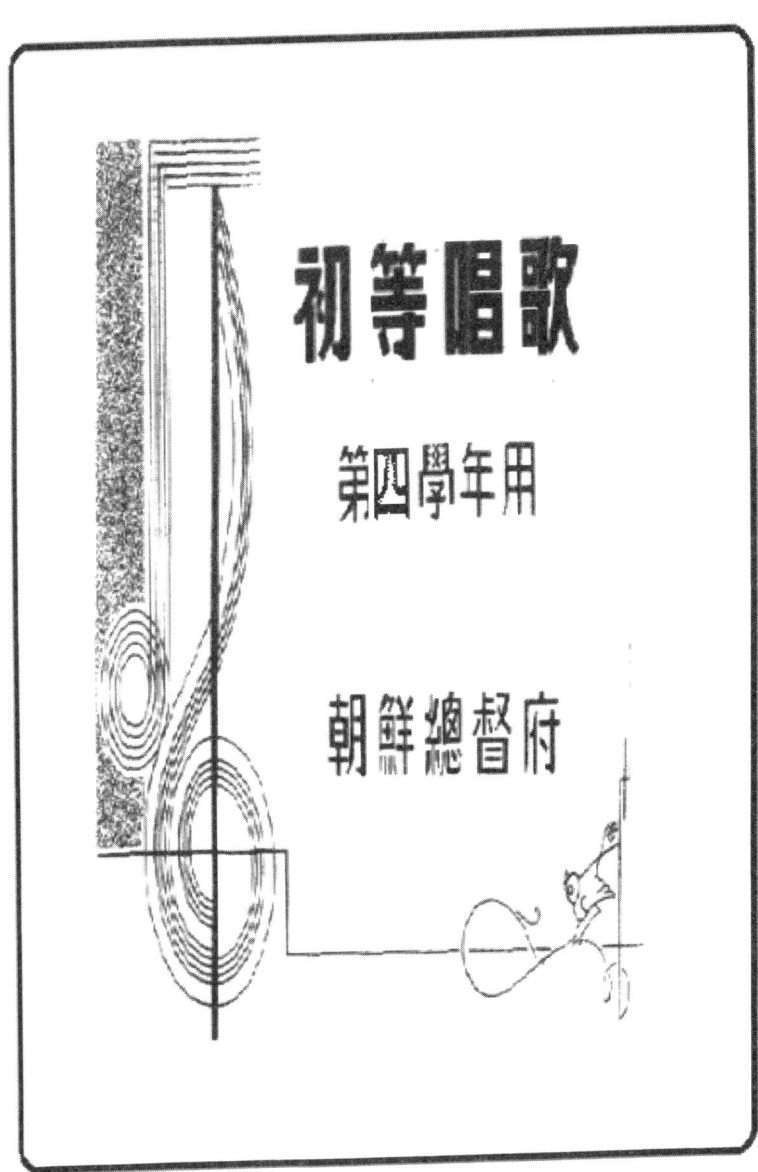

初等唱歌

第四學年用

朝鮮總督府

緒 言

一 本書ハソノ編纂ニ當リ、皇國臣民タルノ情操涵養ニ
　適切ナル唱歌ノ採擇ニ留意セリ。

二 儀式用唱歌ハ、コレヲスベテ別冊「みくにのうた」
　ニ輯錄セリ。

三 本書ハ音樂敎育ノ進歩ト時代ノ要求トニ鑑ミ、平易
　雅正ニシテ兒童ノ心情ヲ快活醇美ナラシムルモノヲ
　採擇シ、コレニ新作ヲ加ヘタルモノナリ。

四 新作歌詞ノ一部ハ全鮮ノ小學兒童ヨリ募集シタルモ
　ノニヨル。

五 本書ノ歌詞ハ努メテ材料ヲ各方面ニ採リ、文體・用
　語等ハ成ルベク讀本ト步調ヲ一ニセンコトヲ期セ
　リ。

六 本書ハソノ敎材排列ニ當リ、樂譜指導ノ場合ヲ考慮
　スルト共ニ、一面季節ニツキテモ留意セリ。

昭和十五年三月　　　　　　　　朝 鮮 總 督 府

서언

1. 본서는 그 편찬에 있어서 황국신민다운 정조함양에 적절한 창가의 채택에 유의함.

2. 의식용 창가는 모두 별책 『의식창가』에 수록함.

3. 본서는 음악교육의 진보와 시대에 호응하여, 알기쉽고 기품 있으며 바른 것으로 하여 아동의 심정을 쾌활 순수케 한 것을 취하여, 이에 신곡을 붙인 것임.

4. 신작(新作) 가사(歌詞)의 일부는 조선의 모든 초등학교 아동으로부터 모집한 것에 의함.

5. 본서의 가사는 되도록 재료(材料)를 각 방면에서 취하고, 문체, 용어 등은 가능한 일본어교과서(小學校國語讀本)와 보조를 맞추려 기획함.

6. 본서의 교재배열에 있어서, 악보지도의 경우를 고려함과 동시에 전체 계절에도 유의하였음.

1940년 3월   조 선 총 독 부

『初等唱歌』 第四學年
『초등창가』 제4학년

目次(목차)

一 春の小川

一 春(はる)の小川(をがは)はさらさら流(なが)る。
岸(きし)のすみれやれんげの花(はな)に、
にほひめでたく、色(いろ)うつくしく
咲(さ)けよ咲(さ)けよと、ささやく如(ごと)く。

二 春(はる)の小川(をがは)はさらさら流(なが)る。
蝦(えび)やめだかや小鮒(こぶな)の群(むれ)に、
今日(けふ)も一日(いちにち)ひなたに出(い)でて
遊(あそ)べ遊(あそ)べと、ささやく如(ごと)く。

三 春(はる)の小川(をがは)はさらさら流(なが)る。
歌(うた)の上手(じやうず)よ、いとしき子(こ)ども、
聲(こゑ)をそろへて小川(をがは)の歌(うた)を
うたへうたへと、ささやく如(ごと)く。

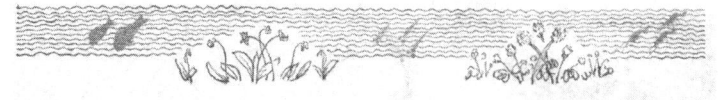

1. 봄 시냇물

1 봄의 시냇물은 졸졸 흐른다
　기슭의 제비꽃이나 연꽃에게
　향기롭고 아름다운 빛깔로
　피어라 피어라 속삭이듯이

2 봄의 시냇물은 졸졸 흐른다
　새우랑 송사리랑 작은 붕어 떼에게
　오늘도 온종일 햇볕에 나와
　놀아라 놀아라 속삭이듯이

3 봄의 시냇물은 졸졸 흐른다
　노래도 잘 하네 사랑스런 아이들
　소리를 맞추어 시냇물 노래를
　불러라 불러라 속삭이듯이

二　港

一　空(そら)も港(みなと)も
　　夜(よ)ははれて、
　　月(つき)に數(かず)ます　舟(ふね)のかげ。
　　　端艇(はしけ)のかよひ　にぎやかに、
　　　よせくる波(なみ)も　黄金(こがね)なり。

　　二　林(はやし)なしたる　ほばしらに、
　　　花(はな)と見(み)まがふ　船(ふな)じるし。
　　　積荷(つみに)の歌(うた)の　にぎはひて、
　　　港(みなと)はいつも　春(はる)なれや。

2. 항구

1 하늘도 항구도
  밤은 개어서
  달빛에 늘어나는 뱃그림자
       거룻배의 왕래 북적거리니
       밀려오는 파도도 황금빛이어라

   2 숲을 이루는 돛대에
      꽃으로 보이는 깃발들
      짐 쌓는 노래도 흥겨워서
      항구는 언제나 봄이로구나

三　靖國神社

一　朝日(あさひ)に匂(にほ)ふ　櫻(さくら)の花(はな)に
　　ほまれかがやく　靖國神社(やすくにじんじや)。
　　　　護國(ごこく)の神(かみ)と仰
　　　　(あふ)がるる
　　　　勳功(いさを)は、代代(よよ)
　　　　の誇(ほこり)にて。

二　戰死(せんし)ときかば、會(あ)
　　ひには來(こ)よと、
　　ひとしく書(か)くは　靖國神社
　　(やすくにじんじや)。
　　　　戰爭(いくさ)に進(すす)む、
　　　　ますらをの
　　　　よろこび誓(ちか)ふ念願
　　　　(ねがひ)にて。

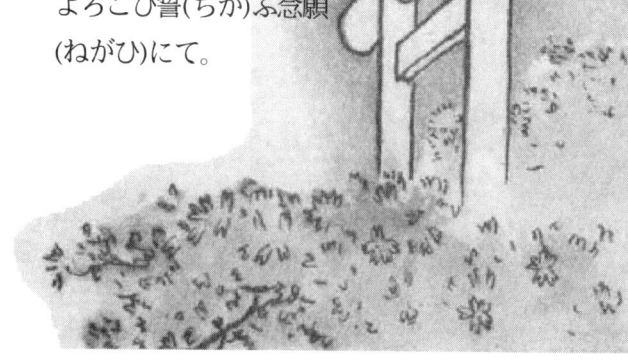

3. 야스쿠니 신사

1 아침 햇살에 향기로운 벚꽃에
명예로 빛나는 야스쿠니 신사
호국의 신으로 추앙받는
공훈은 대대손손의 자랑으로

2 전사소식 듣거든 만나러 오라고
한결같이 쓰는 것은 야스쿠니 신사
전쟁터로 나가는 용사들이
기쁘게 맹서하는 염원으로

1 **야스쿠니 신사**(靖國神社) : 야스쿠니 신사는 원래 1869년 戊辰戰爭에서 전사한 官軍을 추모하기 위해 건립되었는데 건립 당시 '도쿄초혼사(東京招魂社)'라 부르던 것이 1877년 메이지 천황의 命名에 의해 개칭된 것이다. 이후 천황(국가)을 위해 죽은 일본인을 神으로 모시고 추모하는 국가적 신사로 확대되어 일본 제국주의를 상징하는 신사가 되어 태평양전쟁 전범자 및 참여자 총246만여 명의 위패가 안치되어 있다. 경내의 유취관(遊就館)에는 전쟁에 쓰여진 비행기 잔해나 전차, 어뢰 등이 전시되어 있어 당시의 상황을 생생하게 전해주고 있다.

三　尊(たふ)とや、父(ちち)の、床(ゆか)しや兄(あに)の、
　　まつられてある　靖國神社(やすくにじんじや)。
　　大人(おとな)とならば、われもまた
　　劣(おと)らぬ勳功(いさを)、いのりにて。

四　都(みやこ)に上(のぼ)る、若(わか)きも、老(おい)も、
　　詣(まう)でぬなきは　靖國神社(やすくにじんじや)。
　　　天地(てんち)と共(とも)に榮(さか)えゆく
　　　　日本國(につぽんこく)の護(まもり)にて。

3 존경스러워라 아버지가, 그리워라 형이
  모셔져 있는 야스쿠니 신사
  어른이 되면 나도 또한
  뒤지지 않을 공훈 기원으로

　　4 도쿄에 오는 젊은이도 노인도
　　　참배 않는 사람이 없는 야스쿠니 신사
　　　천지와 더불어 번영해 가는
　　　　일본의 수호신으로

四　蠶

一　風(かぜ)暖(あたたか)き五月(ごぐわつ)のはじめ、
　　里(さと)の少女(をとめ)が取(と)るや羽箒(はぼうき)。
　　　掃(は)きおろしたる春(はる)のかひこ、
　　　さながら黑(くろ)き塵(ちり)の如(ごと)く。

二　四度(よたび)の眠(ねむり)いつしか過(す)ぎて、
　　箸(はし)の太(ふと)さは小指(こゆび)となりぬ。
　　　きそひきそひて桑(くは)はむ音(おと)、
　　　木(こ)の葉(は)に雨(あめ)のそそぐ如(ごと)く。

三　髮(かみ)も結(むす)ばず、夜(よる)さへ寝(い)ねず、
　　心(こころ)つくして一月(ひとつき)あまり
　　　努(つと)めしかひの見(み)えたる今日(けふ)
　　　うれしや、繭(まゆ)は山(やま)の如(ごと)く。

4. 누에

1 바람이 따뜻한 오월 초
  동네 아가씨가 든 깃털빗자루
    쓸어내리는 봄 누에
    마치 검은 먼지 같구나

2 넉잠도 어느덧 지나가고
  젓가락 정도의 두께는 새끼손가락이 되었네
    경쟁하며 내는 뽕잎 먹는 소리
    나뭇잎에 비가 쏟아지는 것 같구나

3 머리도 묶지 않고 밤에도 자지 않고
  정성을 다 바쳐 한 달 남짓
    노력한 보람이 나타난 오늘
    즐거워라 누에고치는 산더미 같구나

五　村の鍛冶屋

一　しばしも止(や)まずに
　　槌(つち)うつ響(ひびき)。飛散(とびち)る
　　火(ひ)の花(はな)、はしる湯玉(ゆだま)。
　　ふいごの風(かぜ)さへ息(いき)をもつがず、
　　仕事(しごと)に精出(せいだ)す村(むら)の鍛冶屋(かぢや)。

二　あるじは名高(なだか)きいつこく老爺(おやぢ)、
　　早起(はやおき)・早寝(はやね)の、病(やまひ)知(し)らず。
　　鐵(てつ)より堅(かた)しとほこれる腕(うで)に
　　勝(まさ)りて堅(かた)きは、彼(かれ)がこころ。

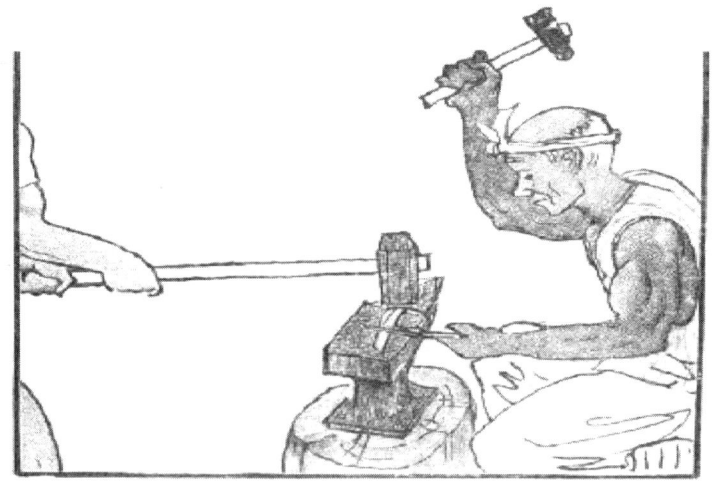

5. 마을의 대장장이

1 잠시도 쉬지 않고
  망치 두드리는 소리, 튀는
  불꽃, 끓는 물방울
  풀무 바람조차 숨도 돌리지 않고
  일에 온 힘 쏟는 마을의 대장장이

2 주인은 소문난 고집불통 노인
  일찍 자고 일찍 일어나 병도 모르네
  쇠보다 단단하다고 뽐내는 팔뚝보다
  더욱 강인한 노인의 마음

三　刀(かたな)はうたねど、大鎌(おほがま)・小鎌(こがま)、
　　馬鍬(まぐは)に作鍬(さくぐは)、鋤(すき)よ、鉈(なた)よ。
　　平和(へいわ)のうち物(もの)休(やす)まずうちて、
　　日毎(ひごと)に戰(たたか)ふ、懶惰(らんだ)の敵(てき)と。

四　かせぐにおひつく貧乏(びんぼふ)なくて、
　　名物(めいぶつ)鍛冶屋(かぢや)は日日(ひび)に繁昌(はんじやう)。
　　あたりに類(るゐ)なき仕事(しごと)のほまれ、
　　槌(つち)うつ響(ひびき)にまして高(たか)し。

3 칼은 만들지 않아도 큰 낫, 작은 낫
  써레와 괭이, 가래와 도끼도
  평화의 도구를 끊임없이 만들어
  날마다 싸우네 나태의 적과

4 근면을 넘어서는 가난은 없어서
  소문난 대장장이 나날이 번창
  주변에 비할 바 없는 직업의 영광은
  망치소리에 더욱 높아지네

六　田植

一　田植(たうゑ)の頃(ころ)と　なりました。
　　今朝(けさ)も水田(みづた)に　おり立(た)ちて、
　　早苗(さなへ)手(て)にとり　母(はは)も子(こ)も、
　　歌(うた)ひながらに　植(う)ゑて行(ゆ)く。

二　晝(ひる)の田圃(たんぼ)に　來(き)て見(み)れば、
　　足(た)らぬ人手(ひとで)は　助(たす)けあひ、
　　家(いへ)の榮(さかえ)は　村(むら)の富(とみ)、
　　國(くに)の強(つよ)みと　植(う)ゑて行(ゆ)く。

6. 모내기

1 모내기 철이 되었습니다
  오늘 아침도 무논에 들어가서
  모를 손에 쥐고 엄마도 아이도
  노래를 하면서 심어가네

2 낮에 논으로 와보니
  부족한 일손은 서로 도와
  집안의 번영은 마을의 부
  나라의 부강으로 심어가네

三　みんな銃後(じゆうご)の　戰士(せんし)です。
　　心(こころ)ひとつに　植(う)ゑた田(た)に、
　　夕(ゆふべ)となれば　ころころと、
　　蛙(かへる)が鳴(な)いて　月(つき)が出(で)る。

3 모두가 후방의 전사입니다
   한마음으로 심은 논에
   저녁이 되면 개굴 개굴
   개구리 울고 달이 뜨네

七　相撲

一　劍(けん)なし、銃(じゆう)なし、兜(かぶと)なし、
　　それでも　兵士(へいし)が戰場(せんじやう)へ
　　のぞむ覺悟(かくご)で、堂堂(だうだう)と
　　　　　土俵(どへう)に上(のぼ)る、天晴(あつぱれ)
　　　　　力士(りきし)、

二　夏(なつ)でも、冬(ふゆ)でも、一年中(いちねんじゆう)、
　　眞劍(しんけん)勝負(しようぶ)を　つづけては
　　休(やす)むひまなく、堂堂(だうだう)と
　　うでまへみがく、天晴(あつぱれ)力士(りきし)。

7. 스모

1 검도 없고 총도 없고 철모도 없이
　 그래도 병사가 전쟁터에
　 임하는 각오로 당당하게
　　 씨름판에 오르네 훌륭한 장사

2 여름에도 겨울에도 일 년 내내
　 진검승부를 계속하여
　 쉴 틈도 없이 당당하게
　 기술을 연마하네 훌륭한 장사

三　手足(てあし)も體(からだ)も、強(つよ)い上(うへ)、
　　何(なに)より心(こころ)の働(はたらき)を
　　狹(せま)い土俵(どへう)で、堂堂(だうだう)と
　　天下(てんか)にしめす、天晴(あつぱれ)相撲(すまふ)。

四　世界(せかい)の中(なか)でも、よそになく、
　　日本(につぽん)ばかりで、昔(むかし)から
　　血汐(ちしほ)わかして、堂堂(だうだう)と
　　さかえて行(ゆ)くよ、天晴(あつぱれ)相撲(すまふ)。

3 손발도 몸도 강한 데다가
　무엇보다 정신의 강건함을
　좁은 씨름판에서 당당하게
　천하에 과시하네 훌륭한 스모[2]

4 온 세계에서도 달리 없고
　일본에서만 옛날부터
　끓는 피를 불태우며 당당하게
　번성해 가네 훌륭한 스모

2 **스모**(相撲) : 일본의 국기(國技)인 스모는 지름 약 4.55m(15척), 두께 30cm, 높이 0.54m 규격의 4각으로 된 경기장인 도효(土俵) 위에서 마와시를 두른 두 리키시(力士)가 싸우는 형태를 취하는 일본 고래의 제사이자 축제이며, 동시에 무예(武藝)이자 무도(武道)이기도 하다. 건장한 남성이 신전에서 온 힘을 다해, 신들에게 경의와 감사를 나타내는 행위로 여겨진다. 그 때문에 예의범절이 매우 중시되어 그 일환으로서 리키시는 마와시(まわし, 스모선수가 허리에 두르는 샅바)외에는 아무 것도 몸에 걸치지 않는다. 스모는 수세기에 걸쳐 종교의식, 전사(戰士)의 훈련수단, 사회사업을 위한 기금마련 방편, 대중의 유희거리 등 여러 가지 모습으로 명맥을 유지해 왔는데, 근래에는 일본 전통의 무도, 격투기, 스포츠로서 국제적으로도 행해지고 있다.

八　ゐなかの四季

一　道(みち)をはさんで畑(はた)一面(いちめん)に、
　　麥(むぎ)は穗(ほ)が出(で)る、菜(な)は花盛(はなざかり)。
　　眠(ねむ)る蝶蝶(てふてふ)、とび立(た)つひばり、
　　吹(ふ)くや春風(はるかぜ)、たもとも輕(かる)く、
　　あちらこちらに桑(くは)つむ少女(をとめ)、
　　日(ひ)まし日(ひ)ましにはるごも太(ふと)る。

二　ならぶ菅笠(すげかさ)、涼(すず)しいこゑで
　　歌(うた)ひながらに植行(うゑゆ)く早苗(さなへ)、
　　ながい夏(なつ)の日(ひ)いつしか暮(く)れて、
　　植(う)ゑる手先(てさき)に月(つき)かげ動(うご)く。
　　かへる道道(みちみち)あと見(み)かへれば、
　　葉末葉末(はずゑはずゑ)に夜(よ)つゆが光(ひか)る。

8. 시골의 사계절

1 길을 끼고 있는 밭 전체에
  보리는 이삭이 나고 유채는 꽃이 만발
  잠자는 나비 날아가는 종달새
  불어오는 봄바람 소맷자락도 경쾌하게
  여기저기서 뽕잎 따는 아가씨
  날이 갈수록 누에도 살찌네

2 늘어선 삿갓모자 상쾌한 목소리로
  노래 부르며 모를 심어가네
  기나긴 여름날도 어느새 저물어
  심는 손끝에 달빛이 움직이네
  돌아가는 길에 뒤를 돌아보니
  나뭇잎마다 밤이슬이 빛나네

三　二百十日(にひやくとをか)も事(こと)なくすんで、
　　村(むら)の祭(まつり)の太鼓(たいこ)がひびく。
　　稲(いな)は實(み)がいる、日和(ひより)はつづく、
　　刈(か)つて、ひろげて、日(ひ)に乾(かわ)かして、
　　もみに仕上(しあ)げて、俵(たわら)につめて、
　　家内(かない)そろつて、笑顔(ゑがほ)に笑顔(ゑがほ)。

四　そだを折(を)りたくゐろりの側(そば)で、
　　夜(よる)はよもやま話(はなし)がはずむ。
　　母(はは)がてぎはの大根膾(だいこんなます)、
　　これもゐなかの年(とし)こしざかな。
　　棚(たな)の餅(もち)ひく鼠(ねずみ)の音(おと)も
　　更(ふ)けて、軒端(のきば)に雪(ゆき)降積(ふりつも)る。

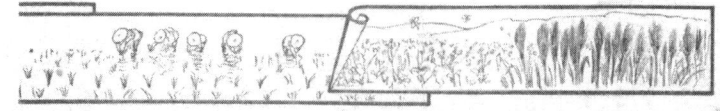

3 태풍의 계절3도 별일 없이 지나가
　마을에 축제의 북소리 울리네
　벼는 여물고 맑은 날이 계속되어
　베어서 펼쳐놓고 햇볕에 말려
　탈곡하여 가마니에 담아
　온 가족 모여서 웃음꽃 피네

4 나뭇가지를 잘라 태우는 화로 옆에서
　밤에는 온갖 이야기꽃이 피네
　어머니가 솜씨 낸 무생채
　이것도 시골의 송년 먹거리
　선반의 떡을 훔치려는 쥐들의 소리도
　밤 깊어가니 처마에 눈이 쌓이네

---

3 **태풍의 계절**(二百十日, **니햐쿠도카**) : 입춘부터 헤아려 이백 십일이 되
　는 날을 일컫는 '니햐쿠도카'는 양력 9월 1일쯤에 해당하는 날이다. 이
　때가 되면 남태평양 방면에서부터 태풍(颱風)이 불어오는 일이 많아
　이즈음을 '태풍의 계절'이라고 한다.

九 水泳ぎ

一 きらきら光(ひか)る　夏(なつ)の川(かは)、
　　岸(きし)のやなぎの　青(あを)い葉(は)も、
　　水(みづ)にゆらゆら　うつつてる。
　　みんなで　じやぶじやぶ　水泳(みづおよ)ぎ。

二 蛙(かへる)がどこかで　鳴(な)いてゐる。
　　とんぼがすいすい　ゆれてとぶ。
　　あついお晝(ひる)の　まつさかり、
　　みんなで　たのしく　水泳(みづおよ)ぎ。

三 こんどは　敵前(てきぜん)上陸(じやうりく)だ、
　　向(む)かふの岸(きし)まで　きやうさうだ。
　　兵隊(へいたい)さんに　まけないぞ、
　　みんなで　元氣(げんき)な　水泳(みづおよ)ぎ。

9. 수영

1 반짝 반짝 빛나는 여름의 냇가
　물가의 버드나무 푸른 잎도
　물에 흔들 흔들 비치고 있네
　모두 함께 첨벙 첨벙 수영하네

2 개구리가 어디선가 울고 있네
　잠자리가 휙휙 흔들며 나네
　더운 한낮이 한창일 때
　모두 함께 즐겁게 수영하네

3 이번에는 적전상륙이다
　건너편 물가까지 시합이다
　군인 아저씨에게 지지 않을 거야
　모두 함께 힘차게 수영하네

一〇 せみとり

一　やんだぞ、やんだぞ、夕立(ゆふだち)が。
　みんみんみんと　鳴(な)きだした。
　あみだ、ふくろだ、さあ行(ゆ)かう、
　向(む)かふの山(やま)だ、かけあしだ。

二　晴(は)れたぞ、晴(は)れたぞ、大空
　(おほぞら)が。
　あの木(き)の枝(えだ)で　鳴(な)いてゐる。
　みんなだまつて　ついて來(こ)い、
　向(む)かふのポプラだ、
　ぬきあしだ。

10. 매미잡기

1 그쳤네 그쳤어 소나기가
  맴 맴 맴 울기 시작하네
  그물이다 주머니다 자─ 가자
  저쪽 산이다 달려가자

2 개었네 개었어 넓은 하늘이
  저 나뭇가지에서 울고 있네
  모두들 조용히 따라오너라
  저쪽 포플러나무다 살금 살금

三　にげたぞ、にげたぞ、見(み)てをれよ。
　　あの木(き)の幹(みき)に　とまつたぞ。
　　そら鳴(な)き出(だ)した　みんみんみん、
　　こんどはにがすな　二度目(にどめ)だぞ。

3 도망갔네 도망갔어 두고 봐라
   저 나뭇가지에 앉았네
   저것 봐 울기 시작했네 맴 맴 맴
   이번에는 놓치지 마라 두 번째야

一一　花火

一　金(きん)の色(いろ)した　柳(やなぎ)の枝(えだ)が
　　高(たか)い空(そら)から　靜(しづ)かにおりる。
　　　おりたと思(おも)へば　またもや高(たか)く
　　ぱつと開(ひら)いた　大(おほ)きな花火(はなび)。

二　赤(あか)い玉(たま)から　わかれた玉(たま)が
　　靑(あを)や黃色(きいろ)や　いくつもかはる。
　　　玉(たま)かと思(おも)へば　花(はな)とも見(み)えて
　　さつとひろがる　きれいな花火(はなび)。

11. 불꽃놀이

1 금빛 버드나무 가지가
　높은 하늘에서 조용히 내려온다
　　내려왔는가 하면 또다시 높이
　　활짝 피어난 커다란 불꽃

2 빨간 구슬에서 갈라진 구슬이
　파란색 노란색 수없이 변하네
　　구슬인가 하면 꽃으로도 보이고
　　확 하고 퍼져가는 아름다운 불꽃

三　空(そら)は火(ひ)の海(う
　　み)　河(かは)にもうつる
　　うつる水(みづ)には　もえ
　　たつ金魚(きんぎよ)。
　　　燃(も)えると思(お
　　も)へば　生(い)きて
　　るやうに
　　　すつと走(はし)るよ
　　仕掛(しかけ)の花火
　　(はなび)。

3 하늘은 불꽃바다 강에도 비치네
비치는 물에는 타오르는 금붕어
불타는가 생각하면 살아있는 듯이
휙 달려가지요! 계속되는 불꽃잔치

一二　ポプラ

一　並木(なみき)の道(みち)は　細(ほそ)い道(みち)、
　　脊(せい)くらべをして　並(なら)んでる
　　高(たか)いポプラに　朝霧(あさぎり)が、
　　ほんのり白(しろ)く　流(なが)れます。

　　二　カチがどこかで　鳴(な)くたびに
　　　　きらきらきらと　葉(は)が光(ひか)る、
　　　　入日(いりひ)の赤(あか)い　風(かぜ)の
　　　　中(なか)、
　　　　ポプラの枝(えだ)が　搖(ゆ)れてます。

12. 포플러나무

1 가로수길은 좁은 길
  키재기를 하면서 줄 서 있지요
  키 큰 포플러나무에 아침안개가
  어슴푸레 하얗게 흘러가네

2 어디선가 까치가 울 때마다
  반짝 반짝 잎이 빛나지요
  석양의 붉은 바람 속에서
  포플러나무 가지가 흔들리네

一三　愛馬進軍歌

一　くにを出(で)てから　幾月(いくつき)ぞ、
　　共(とも)に死(し)ぬ氣(き)で　この馬(うま)と、
　　　　攻(せ)めて進(すす)んだ、山(やま)や河(かは)、
　　　　執(と)つた手綱(たづな)に　血(ち)が通(かよ)ふ。

二　昨日(きのふ)陥(おと)した　トーチカで、
　　今日(けふ)は假寢(かりね)の　たかいびき、
　　　　馬(うま)よぐつすり　眠(ねむ)れたか、
　　　　明日(あす)の戰(いくさ)は　手强(てごは)いぞ。

三　彈丸(たま)の雨(あめ)降(ふ)る　濁流
　　(だくりう)を、
　　お前(まへ)たよりに　乘切(のりき)つて、
　　　　つとめはたした　あの時(とき)は、
　　　　泣(な)いて、秣(まぐさ)を　食(く)
　　　　はしたぞ。

13. 애마진군가

1 고향을 떠나온 지 몇 해이던가
  이 말과 함께 죽을 각오로
      공격하여 나아갔네 산 넘고 물 건너
      움켜쥔 말고삐에 피가 서린다

2 어저께 함락한 토치카에서
  오늘은 선잠에 심한 코골이
      애마여 푹 잤느냐?
      내일의 전투는 힘들 거야

3 총알이 빗발치는 탁류를
  너를 의지하여 헤쳐나가서
      임무를 완수한 그때는
      울면서 꼴을 먹였느니라

四　慰問袋(ゐもんぶくろ)の　お守(まもり)を
　　掛(か)けて戰(たたか)ふ　この栗毛(くりげ)、
　　　ちりにまみれた　髭面(ひげづら)に、
　　　なんで懐(なつ)くか　顔(かほ)よせて。

五　伊達(だて)には佩(と)らぬ　この劍(つるぎ)、
　　まつさき驅(か)けて　突込(つつこ)めば、
　　　何(なん)ともろいぞ　敵(てき)の陣(ぢん)。
　　　馬(うま)よ、嘶(いなな)け　勝鬨(かちどき)だ。

六　お前(まへ)の脊(せな)に　日(ひ)の丸(まる)を、
　　立(た)てて入城(にふじやう)、この凱歌(がいか)。
　　　兵(へい)に劣(おと)らぬ　天晴(あつぱれ)の
　　　勳(いさを)は、永(なが)く　忘(わす)れぬぞ。

4 위문대 속에 든 부적을
  걸치고 전투하는 이 황마
      먼지투성이 털북숭이 내 얼굴에
      뭐가 좋은지 얼굴 맞대고

5 허세로는 쥐지 않는 이 검
  맨 먼저 달려서 돌진하면은
      얼마나 허술한가 적의 진지
      애마여! 소리 높여 울어라 승리의
  함성을

6 너의 등에 일장기를
  세우고 입성, 이 개가
      병사에 지지 않는 눈부신
      공적은 영원히 잊을 수 없어라

一四　山の秋

一　山(やま)であかいは
　　しぐれにぬれたかへでの葉(は)、
　　枝(えだ)にもえたつ梅(うめ)もどき。

　　二　山(やま)であかいは
　　　　月(つき)に笠(かさ)さすべにたけと、
　　　　水車(すゐしや)の下(した)のやま蟹(がに)と。

　　　　三　山(やま)であかいは
　　　　　　夜明(よあけ)の霜(しも)にしほたれて
　　　　　　あはせほしがる猿(さる)の顔(かほ)。

　　　　四　あかいはあかいは
　　　　　　風(かぜ)なき山(やま)の夕(ゆふ)ぐれを
　　　　　　西(にし)に流(なが)れる雲
　　　　　　(くも)の色(いろ)。

14. 가을산

1 산에서 빨간 것은
  가을비에 젖은 단풍나무잎
  가지에 불타는 낙상홍

  2 산에서 빨간 것은
    달빛에 삿갓 쓴 무당버섯과
    물레방아 아래의 물맞이게

    3 산에서 빨간 것은
      새벽녘 서리에 초라해져서
      덧옷이 필요한 원숭이 얼굴

    4 빨갛고 빨간 것은
      바람 멎은 산 저녁노을에
      서쪽으로 흘러가는 구름의 색깔

一五　綱引

一　赤(あか)勝(か)て白(しろ)勝(か)て　元氣(げんき)を出
(だ)して、
　　負(ま)けるな、負(ま)けるな、引(ひ)け引(ひ)け綱(つ
　　な)を。
　　　　それ引(ひ)け　よいしよ、
　　　　やれ引(ひ)け　よいしよ。

二　がんばれがんばれ　もう一息(ひといき)だ、
　　掛聲(かけごゑ)そろへて　引(ひ)け引(ひ)け綱(つな)を。
　　　　それ引(ひ)け　よいしよ、
　　　　やれ引(ひ)け　よいしよ。

三　眞赤(まつか)な顔(かほ)して　足(あし)ふんばつて、
　　力(ちから)のかぎり　引(ひ)け引(ひ)け綱(つな)を。
　　　　それ引(ひ)け　よいしよ、
　　　　やれ引(ひ)け　よいしよ。

15. 줄다리기

1 청군 이겨라 백군 이겨라 힘을 내어서
  지지 마라 지지 마라 당겨라 당겨 밧줄을
    자 당겨라 이영차
    야 당겨라 이영차

2 힘내라 힘내 조금 더 힘내라
  구령에 맞추어 당겨라 당겨 밧줄을
    자 당겨라 이영차
    야 당겨라 이영차

3 얼굴 빨개지도록 다리로 버텨서
  있는 힘껏 당겨라 당겨 밧줄을
    자 당겨라 이영차
    야 당겨라 이영차

一六　鳴子

一　もずの一聲(ひとこゑ)
　　朝霧(あさぎり)晴(はれ)て、
　　あちらこちらで
　　鳴子(なるこ)がひびく。

　　二　ひびく鳴子(なるこ)に
　　　　ぱらぱらぱつと、
　　　　あわて飛立(とびた)つ
　　　　むら雀(すずめ)。

16. 딸랑이

1 때까치 울음소리
  아침안개 걷히고
  여기저기서
  딸랑이4가 울리네

  2 울리는 딸랑이에
    파다닥 파다닥 휙
    놀라 날아가는
    참새 떼

---

4 **딸랑이**(鳴子, **나루코**) : 짧은 대통을 널빤지에 매달아 놓은 것을 새끼줄
에 이어달아, 멀리서 잡아 당겨 소리를 내게 하는 논밭에 설치한 새쫓
는 기구

　三　雀(すずめ)見上(みあ)げて
　　　稲田(いなだ)に立(た)てば、
　　　今日(けふ)もからりと
　　　秋(あき)びより。

3 참새 올려다보며
  논 가운데 서니
  오늘도 맑게 갠
  가을 하늘

一七　とりいれの歌

一　今日(けふ)はとりいれよい日和(ひより)、
　　　見渡(みわた)す限(かぎ)り田(た)も畔(あぜ)も、
　　　色(いろ)は黄金(こがね)に波打(なみう)つて、
　　　實(み)のつた、實(み)のつた、
　　　　稲(いね)の穂(ほ)が。

二　植(う)ゑた靑田(あをた)に水(みづ)引(ひ)いて、
　　　眞夏(まなつ)の晝(ひる)は田草取(たぐさとり)、
　　　骨身(ほねみ)惜(を)しまぬ
　　　かひあつて、
　　　　實(み)のつた、實(み)のつた、
　　　　　稲(いね)の穂(ほ)が。

17. 추수의 노래

1 오늘은 추수하기 좋은 화창한 날씨
　눈에 보이는 모든 논도 밭두렁도
　황금빛으로 물결치네
　익었네 익었어
　벼이삭이

2 심어 놓은 어린 모에 물꼬를 대어
　한여름 낮에는 김매기하고
　수고를 아끼지 않는
　보람이 있어
　익었네 익었어
　벼이삭이

三　今日(けふ)はとりいれよい日和(ひより)、
　　見渡(みわた)す限(かぎ)り野(の)も山(やま)も、
　　色(いろ)は黄金(こがね)に照(て)り映(は)えて、
　　實(み)のつた、實(み)のつた、
　　稲(いね)の穂(ほ)が。

3 오늘은 추수하기 좋은 화창한 날씨
눈에 보이는 모든 산도 들도
황금빛으로 빛나고 있네
익었네 익었어
벼이삭이

一八　今朝の霜

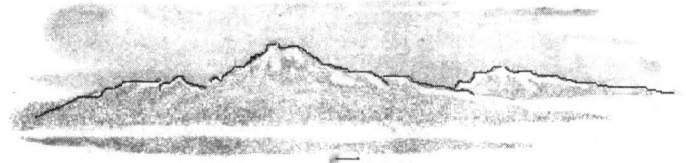

一

遠(とほ)い山(やま)には　雪(ゆき)も見(み)え、
　　冷(つめた)い北風(きたかぜ)　吹(ふ)いてきて、
　　屋根(やね)には白(しろ)く　きらきらと、
　　　大寒小寒(おほさむこさむ)の　今朝(けさ)
　　の霜(しも)。

二

池(いけ)の中(なか)には　薄氷(うすごほり)。
薪(たきぎ)をつんで　ゆく馬(うま)の
はく息(いき)白(しろ)く　寒(さむ)さうな、
大寒小寒(おほさむこさむ)の　今朝(けさ)の霜(しも)。

18. 아침 서리

1 먼 산에는 눈도 보이고
　차가운 북풍이 불어와서
　　지붕에는 하얗게 반짝 반짝
　　　대한 소한 아침서리

2 연못에는 살얼음
　장작을 싣고 가는 말이
　내품는 하얀 입김 추워 보이는
　대한 소한 아침서리

一九　漁船

一　えんやら、えんやら、
　　艪拍子(ろびやうし)そろへて
　　朝日(あさひ)の港(みなと)を漕出(こぎだ)すれふ船(せん)。
　　見(み)よ、見(み)よ、あの雲(くも)、今日(けふ)こそ
　　大(たい)れふ。
　　それ、漕(こ)げ、それ、漕(こ)げ、おも舵(かぢ)とり
　　舵(かぢ)。

二　ゆらりや、ゆらりと、浪間(なみま)に搖(ゆ)られて、
　　　磯(いそ)には網船(あみぶね)・沖(おき)には釣船(つ
　　りぶね)。
　　　見(み)よ、見(み)よ、あれ、見(み)よ。かかる
　　は、捕(と)れるは。
　　　網(あみ)にも、絲(いと)にも、魚(さかな)のか
　　ずかず。

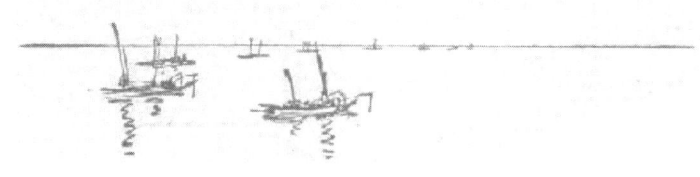

19. 고깃배

1 영치기 영차
  노 장단 맞추어서
  아침해 떠오르는 항구를 노 저어 나가는 고깃배
  봐라 봐 저 구름 오늘이야말로 대풍어다
  자 저어라 어서 저어 오른쪽으로 왼쪽으로

2 두둥실 두리둥실 물결에 흔들리어
  물가에는 그물배 앞바다에는 낚싯배
  봐라 봐 저기 봐라 걸렸네 잡혔네
  그물에도 줄에도 물고기 천지

三　えんやら、えんやら、獲物(えもの)に勇(いさ)んで
　入日(いりひ)の沖(おき)をば急(いそ)いで漕(こ)ぐ
　船(ふね)。
　見(み)よ、見(み)よ、濱邊(はまべ)に妻子(つまこ)
　が迎(むか)へる。
　それ、漕(こ)げ、漕(こ)げよや、艪拍子(ろびや
　うし)早(はや)めて。

3 영치기 영차 어획물에 신이 나서
  석양의 앞바다를 서둘러 노 젓는 배
  봐라 봐 선창에 처자가 기다린다
  자 저어라 저어 노 젓는 장단 서둘러

二〇 初氷

稻(いね)のかりあと田(た)の中(なか)に、
　　氷(こほり)がはじめてはりました。
氷(こほり)のはる時(とき)　夜明時(よあけどき)、
　　どこかで音(おと)がするやうな。
學校(がつかう)へゆく道(みち)　畔道(あぜみち)で、
　　氷(こほり)をそつと踏(ふ)みました。
氷(こほり)のかけらを手(て)にのせて、
眞白(ましろ)な息(いき)を
　　かけました。
　　　今朝(けさ)は
まだまだ薄氷(うすこほり)、
　　スケートするのは
　　　いつでせう。

20. 첫얼음

추수 끝난 논 가운데에
　　　　얼음이 처음으로 얼었습니다
얼음이 얼 때 새벽녘에
　　　　어디선가 소리가 나는 것 같아요
학교에 가는 길 논두렁길에서
　　　　얼음을 살짝 밟았습니다
얼음조각을 손에 올려놓고
새하얀 입김을
　　　불었습니다
　　　　오늘 아침은
아직 얇은 얼음
　　　스케이트 타는 날은
　　　　언제일까요

二一　雪合戰

一　晴(は)れたる朝(あさ)の雪(ゆき)の原(はら)、
　　東(ひがし)と西(にし)に立(た)ちわかれ、
　　用意(ようい)、はじめの聲(こゑ)の下(した)、
　　手(て)に手(て)にとばす雪(ゆき)つぶて。

二　あたりてひるむ卑怯(ひけふ)もの、
　　恐(おそ)れず進(すす)む剛(がう)のもの、
　　雪(ゆき)を蹴(け)ちらし、雪(ゆき)をあび、
　　　互(たがひ)に寄(よ)する敵(てき)味方(みか
　　た)。

21. 눈싸움

1 맑게 개인 아침 눈 내린 벌판
  동쪽과 서쪽으로 편 갈라 서서
  준비! 시작! 소리에 맞춰
  손에 손에 내던지는 눈덩어리

  2 맞아서 겁먹은 비겁한 사람
    두려워 않고 전진하는 용감한 사람
    눈을 차서 흩트리고 눈을 뒤집어 쓰며
    서로 다가서는 적군과 아군

三　劇戦(げきせん)[5]今(いま)と見(み)るうちに、
　　後(うしろ)にひびく休戦(きうせん)の
　　ラツパと共(とも)に、西(にし)東(ひがし)、
　　一度(いちど)にどつと鬨(とき)のこゑ。

5 격렬한 전투라는 뜻은 '激戰'이나 '劇戰'으로 표기하고 있음.

3 지금이 격전이라고 생각하는 사이에
　뒤쪽에서 울리는 휴전의
　나팔소리와 함께 동쪽과 서쪽에서
　일제히 내지르는 함성소리

二二　軍神西住大尉

一　きのふ寶山(はうざん)、けふ南翔(なんしやう)、
　勇(いさ)んで進(すす)む彈丸(たま)のなか、
　君(きみ)があやつる戰車(せんしや)には
　おそれて向(む)かふ敵(てき)もなし。
　ああ、勇(いさ)ましい西住大尉(にしずみたいゐ)。

二　三十四度(さんじふよど)のたたかひに
　五(ご)たびもうけたおもい傷(きず)、
　けれど、ひるまず、はね起(お)きて、
　をどつてむかふ新戰場(しんせんぢやう)。
　ああ、勇(いさ)ましい西住大尉(にしずみたい
　ゐ)。

22. 군신 니시즈미 대위

1 어제는 바오산6, 오늘은 난샹7
용맹하게 전진하네 탄환 속
그대가 조종하는 전차에는
두려워서 맞서는 적도 없네
아ー 용맹스런 니시즈미 대위8

2 서른 네 번의 전투로
다섯 번이나 입은 큰 부상
그래도 굴하지 않고 벌떡 일어나
약진하며 임하는 새로운 전장터
아ー 용맹스런 니시즈미 대위

---

6 **바오산(寶山)** : 중국 상하이 북쪽 양쯔강(揚子江)과 황푸강(黃浦江)이
합류하는 지점에 위치한 중국의 지명. 서쪽으로는 자딩구(嘉定区), 남
쪽으로 푸퉈구(普陀区), 자베이구(闸北区), 홍커우구((虹口区), 양푸구
(杨浦区)와 접하고 있으며, 북서쪽의 모퉁이는 장쑤성(江苏省)의 타이
창(太仓)과 접한다. 양쯔강에서 떠내려 온 진흙과 모래 등으로 이루어
진 충적평야 지대로 토양이 비옥한 지역이다.
7 **난샹(南翔)** : 상하이 남쪽 외곽 지역에 소재한 중국의 지명
8 **니시즈미 고지로(西住小次郎, 1914~1938)** : 중일전쟁이 한창이던 1938
년 5월 17일 쉬저우(徐州)전투에서 구루메(久留米)전차 제1연대의 소
대장으로 출전하여 총에 맞아 전사함으로써 무인의 귀감이 된 육군 보
병장교. 전사한 후 군신으로 추앙함으로써 전쟁영웅으로 삼았다.

三　ちひさいときから親(おや)に孝(かう)、
　　部下(ぶか)にやさしい軍神(いくさがみ)、
　　忠義(ちゆうぎ)の君(きみ)のゆくさきは、
　　いつもかがやく大勝利(だいしやうり)。
　　ああ、勇(いさ)ましい西住大尉(にしずみたい
　　ゐ)。

四　徐州平野(じよしうへいや)のたたかひに、
　　川(かは)のふかさをはからうと
　　戰車(せんしや)をおりる夕(ゆふ)まぐれ、
　　君(きみ)をたふした敵(てき)の彈丸(たま)。
　　ああ、勇(いさ)ましい西住大尉(にしずみたいゐ)。

3 어릴 적부터 부모님께 효도
　부하에게 온화한 군신(軍神)
　충의(忠義)로운 그대의 행적은
　언제나 빛나는 대승리
　아― 용맹스런 니시즈미 대위

4 쉬저우평야(徐州平野)9 전투에서
　강의 깊이를 재어보려고
　전차에서 내리는 해질 무렵
　님을 쓰러뜨린 적의 탄환
　아― 용맹스런 니시즈미 대위

9 **쉬저우평야**(徐州平野) : 중일전쟁 격전지였던 쉬저우평야는 중국 장쑤
성(江蘇省) 북서부에서 남서쪽으로 뻗어 나가 화베이(華北) 평원을 형
성하는 산둥 구릉지대의 골짜기에 소재한 평야이다. 1949년 이후 몇
년 동안은 산둥성(山東省)에 속해 있었다가 현재 퉁산에 속해 있는 쉬
저우는 페이황강(廢黃河)이 이 골짜기를 통해 흘러가 쓰수이강(泗水)
및 대운하와 연결된다.

五　死(し)んでもここが軍人(ぐんじん)の
　　名譽(めいよ)の家(いへ)だと自慢(じまん)した
　　戰車(せんしや)にのこる勇(いさ)ましい
　　彈丸(たま)のあとさへ千(せん)いくつ。
　　ああ、勇(いさ)ましい西住大尉(にしずみたいゐ)。

六　雄雄(をを)しい戰死(せんし)を、新聞(しんぶん)や、
　　ラヂオがかなしく告(つ)げたとき、
　　日本(につぽん)ぢゆうの國民(こくみん)は
　　聲(こゑ)をそろへて泣(な)きました。
　　ああ、勇(いさ)ましい西住大尉(にしずみたいゐ)。

5 죽더라도 이곳이 군인의
  명예로운 전당이라고 자랑했던
  전차에 남겨진 용맹스런
  탄환의 흔적 수천 발
  아- 용맹스런 니시즈미 대위

6 장엄한 전사를 신문과
  라디오가 비통하게 알렸을 때
  일본의 모든 국민은
  함께 소리내어 슬피 울었습니다
  아- 용맹스런 니시즈미 대위

二三　なはとび

一　おいで、おいでよ、
　なはとびしましよ。
　　みんな、てんでに繩(なは)持(も)つておいで、
　　　繩(なは)は新藁(しんわら)、ころよい長(なが)
さ、
　　　みんな、自分(じぶん)で作(つく)つておい
で。

二　まはそ、まはそよ、
　一人(ひとり)でまはそ。
　　むきをかへかへ、左(ひ
だり)に、右(みぎ)に、
　　足(あし)をかへかへ、
　　せわしく、ゆるく、
　　寒(さむ)い雪雲(ゆき
ぐも)、みいみいとぼ
よ。

23. 줄넘기

1 오너라 어서 와
　　줄넘기 하자
　　　모두 각자가 새끼줄을 가지고 오너라
　　　　새 짚으로 꼰 새끼줄을 적당한 길이로
　　　　모두 스스로 만들어 오너라

2 돌리자 어서 돌려
　　혼자서 돌리자
　　　방향을 바꾸어 왼쪽으로 오른쪽으로
　　　　발을 바꾸어 빠르게 느리게
　　　　차가운 눈구름 보면서 뛰자

三　まはそ、まはそよ、
　　二人(ふたり)でまはそ。
　　そうら、だれでもくぐつておいで、
　　　郵便(いうびん)、郵便(いうびん)、いそいで
　　おいで、
　　　大波(おほなみ)、小波(こなみ)をくぐつて
　　おいで。

四　走(はし)ろ、走(はし)ろよ、
　　とびとび走(はし)ろ。
　　みんな小馬(こうま)だ、子山羊(こやぎ)だ、鹿(し
　　か)だ、
　　　土(つち)をけりけり、お空(そら)へはねよ。
　　　ほうら、ちらちら、うれしい雪(ゆき)だ。

3 돌리자 어서 돌려
　둘이서 돌리자
　　자 누구라도 들어 오너라
　　　편지요 편지 어서 오세요
　　　　큰 물결 작은 물결 끼어들어 오세요

4 달리자 어서 달려
　뛰고 뛰고 달리자
　　모두가 망아지다 염소다 사슴이다
　　　땅을 차고 올라 하늘로 뛰어라
　　　　저것 봐 나풀 나풀 반가운 눈이다

二四　廣瀬中佐

一　轟(とどろ)く砲音(つつおと)、飛來(とびく)る彈丸
(だんぐわん)。
荒波(あらなみ)洗(あら)ふデツキの上(うへ)に、
闇(やみ)を貫(つら)ぬく中佐(ちゆうさ)の叫(さ
けび)。
「杉野(すぎの)は何處(いづこ)、杉野(すぎの)は居
(ゐ)ずや。」

二　船內(せんない)隈(くま)なく尋(たづ)ぬる三度
(みたび)。
呼(よ)べど答(こた)へず、さがせど見(み)えず。
船(ふね)は次第(しだい)に波間(なみま)に沈(し
づ)み、
敵彈(てきだん)いよいよあたりに繁(しげ)し。

24. 히로세 중령

1 울려 퍼지는 포성, 날아오는 탄환
  거친 파도 철썩이는 갑판 위에
  어둠을 찌르는 중령의 고함소리
  "스기노는 어디에, 스기노는 없느냐"

  2 배 안 구석 구석 찾기를 세 번
    불러도 대답 없고, 찾아도 보이지 않네
    배는 서서히 파도속으로 가라앉고
    적탄은 점점 가까이 쏟아지네

三　今(いま)はとボートにうつれる中佐(ちゆうさ)、
　　飛來(とびく)る彈丸(たま)に忽(たちま)ち失(う)せて、
　　旅順港外(りよじゆんかうぐわい)、恨(うらみ)ぞ深(ふか)き、
　　軍神廣瀬(ぐんしんひろせ)と其(そ)の名(な)殘(のこ)れど。

3 하는 수 없이 보트에 옮겨 타는 중령
  날아오는 탄환에 홀연히 전사했네
  여순(旅順)항의 원한은 깊어라
  군신 히로세10 그 이름 남았지만

10 **히로세 다케오**(広瀬武夫, 1868~1904) : 1904년 러일전쟁시 여순항 폐
   쇄작전(旅順港閉塞作戰)을 수행하던 중 행방불명된 부하 스기노(杉野
   孫七) 일등병을 찾다가 적탄에 맞아 전사함으로써 부하사랑의 휴머니
   즘을 보여준 해군장교이다. 戰死 후 소령에서 중령으로 진급하고 해군
   의 군신으로 추앙받았다.

二五　梅に鶯

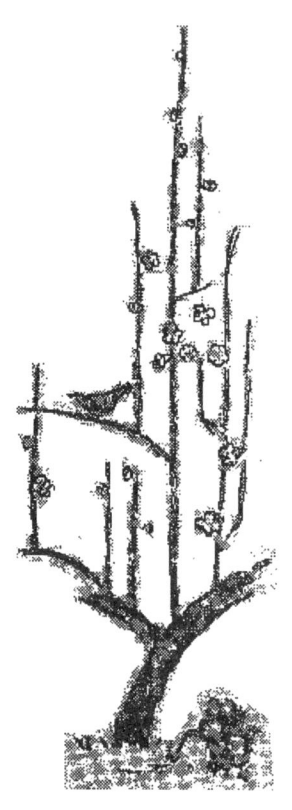

梅(うめ)の木(き)の枝(えだ)に
梅(うめ)の花(はな)が咲(さ)い
た、
いくつもいくつも　知(し)らぬ
間(ま)に咲(さ)いた。
梅(うめ)の花(はな)咲(さ)けば
鶯(うぐひす)よろこび、
お山(やま)の奥(おく)から　　歌
(うた)ひに出(で)て來(く)る。
　けきよけきよ　ほうほけき
よ。
　鶯(うぐひす)ほうほけき
よ。けきよ、けきよ、
　ほうほけきよ。うれしや
ほうほけきよ。

25. 매조(梅鳥)

매화나무 가지에 매화꽃이 피었네
수없이 많이 어느 틈에 피었네
매화꽃 피니 휘파람새 기뻐하네
깊은 산 속에서 노래하러 날아오네
　　휘－ 휘－ 휘－익
　　휘파람새 휘－익 휘－ 휘－
　　휘－ 휘－ 반갑다고 휘－ 휘－ 휘－익

〔唱歌四〕

定價金十六錢

昭和十五年三月二十二日飜刻印刷
昭和十五年三月二十五日飜刻發行
昭和十七年一月三十日第三版發行

著作權所有　著作兼發行者　朝　鮮　總　督　府

京城府大島町三十八番地

飜刻發行兼印刷者　朝鮮書籍印刷株式會社

代表者　野世溪閑了

京城府大島町三十八番地

發　行　所　　朝鮮書籍印刷株式會社

일제강점기 조선총독부 편찬
초등학교 〈唱歌〉 교과서 대조번역 (中)

『初等唱歌』

第五學年

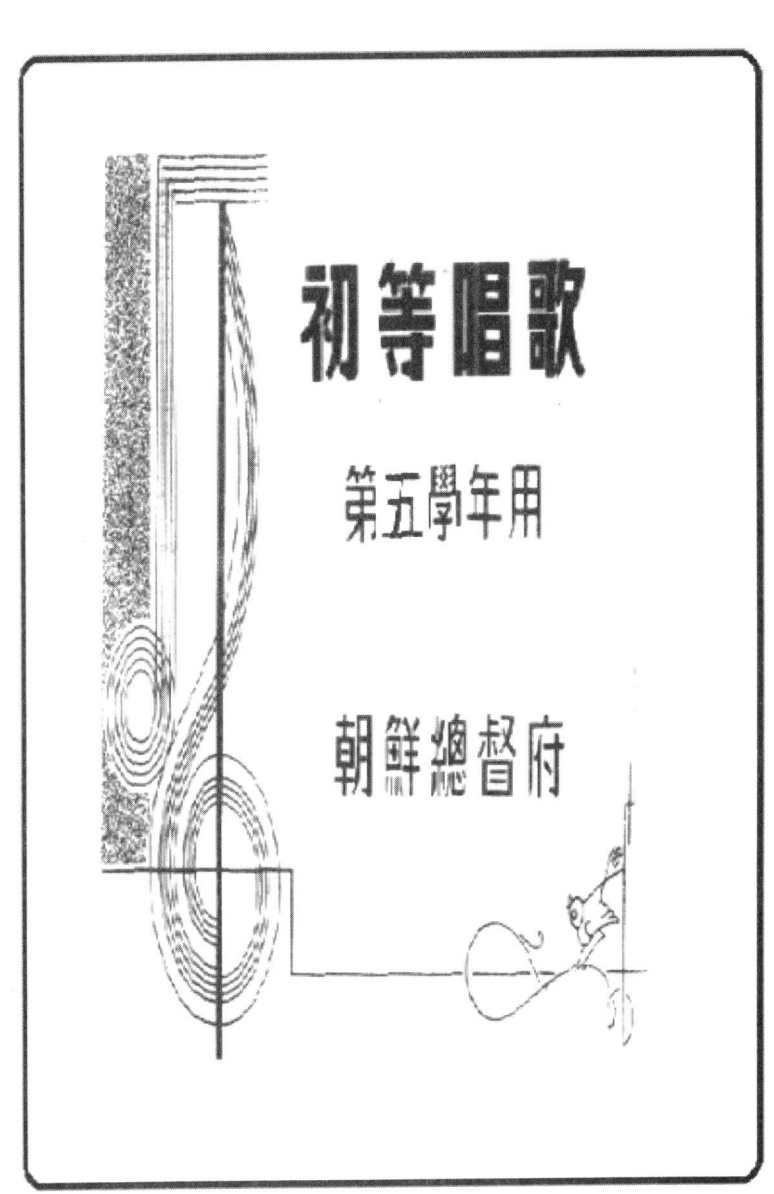

初等唱歌

第五學年用

朝鮮總督府

緒 言

一　本書ハソノ編纂ニ當リ、皇國臣民タルノ情操涵養
　　ニ適切ナル唱歌ノ採擇ニ留意セリ。

二　儀式用唱歌ハ、コレヲスベテ別冊「みくにのうた」ニ
　　輯錄セリ。

三　本書ハ音樂教育ノ進步ト時代ノ要求トニ鑑ミ、平
　　易雅正ニシテ兒童ノ心情ヲ快活醇美ナラシムルモノ
　　ヲ採擇シ、コレニ新作ヲ加ヘタルモノナリ。

四　本書ノ歌詞ハ努メテ材料ヲ各方面ニ探リ、文體・
　　用語等ハ成ルベク讀本ト步調ヲ一ニセンコトヲ期セ
　　リ。

五　本書ハソノ教材排列ニ當リ、樂譜指導ノ場合ヲ考
　　慮スルト共ニ、一面季節ニツキテモ留意セリ。

　昭和十六年三月　　　　　　　　朝　鮮　總　督　府

서언

1. 본서는 그 편찬에 있어서 황국신민다운 정조함양에 적절한 창가의 채택에 유의함.

2. 의식용 창가는 모두 별책『의식창가』에 수록함.

3. 본서는 음악교육의 진보와 시대에 호응하여, 알기쉽고 기품 있으며 바른 것으로 하여 아동의 심정을 쾌활 순수케 한 것을 취하여, 이에 신곡을 붙인 것임.

4. 본서의 가사는 되도록 재료(材料)를 각 방면에서 취하고, 문체, 용어 등은 가능한 일본어교과서(小學校國語讀本)와 보조를 맞추려 기획함.

5. 본서는 그 교재배열에 있어서, 악보지도의 경우를 고려함과 동시에 전체 계절에도 유의하였음.

1941년 3월   조 선 총 독 부

『初等唱歌』第五學年
『초등창가』 제5학년

目次(목차)

一　明治天皇御製

一　物學(ものまな)ぶ道(みち)にたつ子(こ)よ、
　　おこたりに、まされる仇(あた)は
　　なしとしらなむ。

二　さし昇(のぼ)る朝日(あさひ)の如(ごと)く、
　　さわやかにもたまほしきは
　　心(こころ)なりけり。

三　おのが身(み)はかへりみずして
　　人(ひと)のため、盡(つく)すぞ人(ひと)の
　　務(つとめ)なりける。

1. 메이지 천황 지음

1 배움의 길로 들어선 아이여
  게으름보다 더한 적은
  없다는 것을 알아야 할지니라

2 솟아오르는 아침 해처럼
  상쾌하게 갖고 싶은 것은
  마음일지라

3 내 한몸 돌보지 않고
  타인을 위해 진력함이 인간의
  본분일지니라

二　子守歌

ねんねんころりよ、

　　　　おころりよ。

坊(ばう)やはよい子(こ)だ、

　　　　ねんねしな。

坊(ばう)やのお守(もり)は

　　　　何處(どこ)へ行(い)つた。

あの山(やま)越(こ)えて

　　　　里(さと)へ行(い)つた。

里(さと)のみやげに

　　　　何(なに)貰(も)らつた。

でんでん太鼓(たいこ)に

　　　　笙(しやう)の笛(ふえ)。

2. 자장가

자장 자장 잘 자라
　　　잘 자거라
아가는 착한 아이
　　　잘 자거라
아기보기는
　　　어디에 갔나?
저 산 너머
　　　고향에 갔다
고향 선물로
　　　무얼 받았나?
딸랑 딸랑 돌림북에
　　　흥겨운 피리

三　朧月夜

一　菜(な)の花畠(はなばたけ)に、入日(いりひ)薄(うす)れ、
　　見(み)わたす山(やま)の端(は)、霞(かすみ)ふかし。
　　春風(はるかぜ)そよふく、空(そら)を見(み)れば、
　　夕月(ゆふづき)かかりて、にほひ淡(あは)し。

二　里(さと)わの火影(ほかげ)も、森(もり)の色(いろ)も、
　　田中(たなか)の小路(こみち)をたどる人(ひと)も、
　　蛙(かはづ)のなくねも、かねの音(おと)も、
　　さながら霞(かす)める朧月夜(おぼろづきよ)。

3. 으스름한 달밤

1 유채꽃밭에 석양은 희미해지고
　 멀리 보이는 산자락 안개가 자욱하네
　 봄바람 산들 부는 하늘을 보니
　 초저녁달 걸려 있고 향기가 은은하네

2 마을 어귀의 불빛도 숲의 음영도
　 논 가운데 논길 걷는 사람도
　 개구리 우는 소리도 종소리도
　 온통 흐릿한 으스름한 달밤

四　汽車の旅

一　千里(ちさと)の山坂(やまさか)ひたばしり
　　　くるまは煙(けむり)を後(あと)にして、
　　樂(たの)しの希望(のぞみ)を載(の)せ行(ゆ)く時(と
　　き)、
　　　嬉(うれ)しの旅路(たびぢ)を驅(か)け行(ゆ)く時
　　　(とき)、
　　響(ひび)くや轍(わだち)の轟(とどろ)きに
　　　こころも空(そら)にぞ勇(いさ)むなる。

二　千里(ちさと)の野山(のやま)を束(つか)の間(ま)に
　　　過(す)ぎ行(ゆ)く旅路(たびぢ)の面白(おもしろ)
　　　や、
　　遙(はる)かのみ空(そら)に見(み)えたる山(やま)、
　　　忽(たちま)ち來(きた)りてやがては行(ゆ)く、
　　送(おく)りて迎(むか)へて幾度(いくたび)か
　　　數多(あまた)の野山(のやま)は窓(まど)に入(い)
　　　る。

4. 기차여행

1 천리길 산과 고개 줄곧 달려
　　기차는 연기를 뒤로 하고
즐거운 희망을 싣고 갈 때
　　신나는 여행길을 달려갈 때
울려오네 요란한 바퀴소리에
　　마음도 하늘로 용솟음치네

2 천리길 산과 들을 순식간에
　　스쳐가는 여행길의 즐거움이여
아득히 먼 하늘에 보이는 산
　　금세 다가왔다 곧바로 지나가네
보내고 맞이하기를 몇 번이던가
　　수많은 산과 들은 창으로 들어오네

五　國民進軍歌

一　この陽(ひ)、この空(そら)、この光(ひかり)、
　　アジヤは明(あ)ける　嚴(おごそ)かに。
　　燃(も)える希望(きばう)の　一億(いちおく)が
　　　傷痍(しやうい)の勇士(ゆうし)　背(せ)に負(お)うて、
　　いま　踏(ふ)みしめる　第一歩(だいいつぽ)、
　　　使命(しめい)にこぞる　進軍(しんぐん)だ。

二　その血(ち)、その肉(にく)、その生命(いのち)、
　　　國(くに)に捧(ささ)げた　忠魂(ちゆうこん)に、
　　盡(つ)きぬ感謝(かんしや)の　一億(いちおく)が
　　　ほまれの遺族(ゐぞく)　守(も)り立(た)てて、
　　いま　足音(あしおと)も　高高(たかだか)と
　　　理想(りさう)つらぬく　進軍(しんぐん)だ。

5. 국민진군가

1 이 태양 이 하늘 이 광채
　아시아는 개명하네 엄숙하게
　타오르는 희망의 1억 국민이
　상이용사 등에 업고
　이제 힘껏 내딛는 첫걸음
　사명감으로 모였다 진군이다

2 그 선혈 그 육체 그 생명
　나라에 바쳤다네 충혼으로
　더할 나위 없는 감사의 1억 국민이
　명예로운 유족을 보좌하며
　이제 발걸음소리도 드높이
　이상을 관철하는 진군이다

三 あの子(こ)、あの父(ちち)、あの夫(をつと)、
　　皇國(みくに)の楯(たて)と　征(ゆ)きに征(ゆ)く。
　　奮(ふる)ふ銃後(じゆうご)の　一億(いちおく)が
　　つはものの家(いへ)　扶(たす)けつつ、
　　いま　前線(ぜんせん)に　呼應(こおう)して、
　　聲(こゑ)もとどろく　進軍(しんぐん)だ。

四 わが身(み)、わが意氣(いき)、わが力(ちから)、
　　心(こころ)一(ひと)つに　協(あは)せつつ、
　　固(かた)い覺悟(かくご)の　一億(いちおく)が
　　歸還(きくわん)の勇士(ゆうし)　先立(さきだ)てて、
　　いま　大陸(たいりく)に　大洋(たいやう)に
　　國(くに)をあげての　進軍(しんぐん)だ。

3 저 아들 저 아비 저 남편
　황국의 방패로 출정하네
분발하는 후방의 1억 국민이
　출정군의 가정 도와주면서
이제 전선에 호응하여
　소리도 우렁차게 진군이다

4 우리 신체 우리 기상 우리의 기력
　한마음으로 똘똘 뭉쳐서
굳은 각오의 1억 국민이
　귀환용사 앞세우고
이제 대륙으로 대양으로
　온 나라가 다함께 진군이다

六　四季の雨

一　降(ふ)るとも見(み)えじ、春(はる)の雨(あめ)、
　　水(みづ)に輪(わ)をかく波(なみ)なくば、
　　けむるとばかり思(おも)はせて。
　　降(ふ)るとも見(み)えじ、春(はる)の雨(あめ)。

二　俄(にはか)に過(す)ぐる夏(なつ)の雨(あめ)、
　　物(もの)ほし竿(ざを)に、白露(しらつゆ)を
　　なごりとしばし走(はし)らせて。
　　俄(にはか)に過(す)ぐる夏(なつ)の雨(あめ)。

三　をりをりそそぐ秋(あき)の雨(あめ)、
　　木(こ)の葉(は)・木(こ)の實(み)を野(の)に、山(やま)に、
　　色(いろ)さまざまにそめなして。
　　をりをりそそぐ秋(あき)の雨(あめ)。

四　聞(き)くだに寒(さむ)き冬(ふゆ)の雨(あめ)、
　　窓(まど)の小笹(をざさ)にさやさやと、
　　更行(ふけゆ)く夜半(よは)をおとづれて。
　　聞(き)くだに寒(さむ)き冬(ふゆ)の雨(あめ)。

6. 사계절의 비

1 내려도 보이지 않네 봄비
　물에 동그랗게 그린 물결 없으면
　뿌옇다고만 생각될 것을
　내려도 보이지 않는 봄비

2 갑작스레 지나가는 여름비
　빨래줄 바지랑대에 하얀 이슬을
　여운으로 살짝 달리게 하네
　갑작스레 지나가는 여름비

3 이따금 내리는 가을비
　나뭇잎 나무열매를 산에 들에
　온갖 빛깔로 물들게 하네
　이따금 내리는 가을비

4 듣기만 하여도 추운 겨울비
　창밖 조릿대에 사라락 사라락
　깊어가는 겨울밤을 찾아 오누나
　듣기만 하여도 추운 겨울비

七　日本海海戰

一　『敵艦(てきかん)見(み)えたり、近(ちか)づきたり、
　　皇國(みくに)の興廢(こうはい)、ただ此(こ)の一擧(い
　　つきよ)、
　　各員(かくゐん)奮勵(ふんれい)努力(どりよく)せよ。』と、
　　旗艦(きかん)のほばしら信號(しんがう)揚(あが)る。
　　みそらは晴(は)るれど風(かぜ)立(た)ちて、
　　對島(つしま)の沖(おき)に浪(なみ)高(たか)し。

二　主力艦隊(しゆりよくかんたい)、前(まへ)を抑(おさ)へ、
　　巡洋艦隊(じゆんやうかんたい)、後(うしろ)に迫(せ
　　ま)り、
　　袋(ふくろ)の鼠(ねずみ)と圍(かこ)み擊(う)てば、

7. 일본해해전[1]

1 "적함이 보인다 다가온다
   황국의 흥망 바로 이 한 판
   각자 혼신 다해서 분발하라."고
   기함(旗艦)의 돛대에 신호 오른다
   하늘은 맑은데 바람이 일어
   쓰시마(対馬) 앞바다에 파도가 높다

2 주력함대 앞을 차단하고
   순양함대 뒤에서 추격하여
   포위하여 사격하니

---

1 **일본해해전(日本海海戰)** : 러일전쟁 막바지인 1905년 5월 27일~28일에
   걸쳐 쓰시마(対馬) 앞바다에서 벌어진 대규모의 해전. 군비를 증강한
   러시아의 발트함대가 블라디보스톡으로 가기 위해 쓰시마 앞바다를 통
   과한다는 정보를 입수한 도고 헤이하치로(東郷平八郎) 해군 사령관이
   연합함대를 이끌고 대기하고 있다가 총공격하여 거대한 발트함대를 침
   몰시켜 러일전쟁을 일본의 승리로 이끄는 데 결정적인 역할을 하였다.

見(み)る見(み)る敵艦(てきかん)亂(みだ)れ散(ち)るを、
水雷艇隊(すゐらいていたい)・驅逐隊(くちくたい)、
逃(のが)しはせじと追(お)ひて擊(う)つ。

三　東天(とうてん)赤(あか)らみ、夜霧(よぎり)はれて、
旭日(きよくじつ)かがやく日本海上(につぽんかいじやう)。
今(いま)はや遁(のが)るるすべもなくて、
擊(う)たれて沈(しづ)むも、降(くだ)るもあり、
敵國艦隊(てきこくかんたい)全滅(ぜんめつ)す。
帝國(ていこく)萬歲(ばんざい)、萬萬歲(ばんばんざい)。

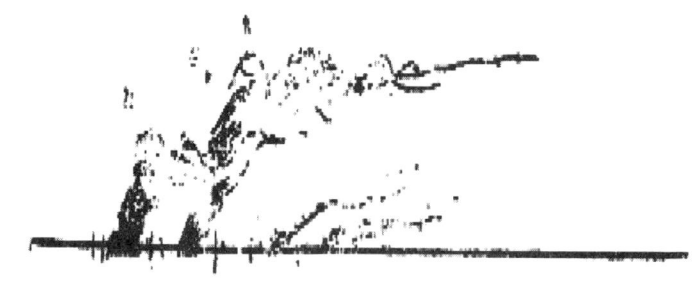

순식간에 적함 흐트러지는 것을
수뢰정부대, 구축부대
놓칠쏘냐 뒤쫓아 공격하네

3 동녘 하늘 밝아지고 밤안개 걷히고
  욱일승천하는 일본해상(日本海上)
  이제는 어찌 피할 수도 없어
  격침당해 침몰하고 항복하여
  적함대 전멸하네
  일본제국 만세 만만세

八　夏の曙

一　まだほの闇(ぐら)き靑葉(あをば)の風(かぜ)、
　　夢路(ゆめぢ)を吹(ふ)いて夢(ゆめ)さめたり。
　　葉末(はずゑ)の露(つゆ)は、こぼれ落(お)ちたり、
　　鳥(とり)が音(ね)、高(たか)く鳴(な)きゆきたり。

二　水(みづ)汲(く)む音(おと)の遠(とほ)きを聞(き)き、
　　道(みち)行(ゆ)く聲(こゑ)の近(ちか)きを聞(き)き、
　　佇(たたず)む袖(そで)のさても涼(すず)しさ、
　　夏(なつ)こそなけれ、夏(なつ)の曙(あけぼの)。

8. 여름 새벽

1 아직 어슴푸레한 신록의 바람
　　꿈길로 불어와 꿈에서 깨었네
　이파리 끝 이슬은 흘러 떨어지고
　　새소리 높이 울려 퍼지네

2 물 긷는 소리 멀리서 들리고
　　길 가는 사람소리 가까이 들리네
　움직이지 않는 소맷자락의 시원함이여
　　더할 나위 없어라 여름 새벽

九　我は海の子

一　我(われ)は海(うみ)の子(こ)、白浪(しらなみ)の
　　さわぐいそべの松原(まつばら)に、
　　煙(けむり)たなびくとまやこそ、
　　我(わ)がなつかしき住家(すみか)なれ。

二　生(う)まれてしほに浴(ゆあみ)して、
　　浪(なみ)を子守(こもり)の歌(うた)と聞(き)き、
　　千里(せんり)寄(よ)せくる海(うみ)の氣(き)を
　　汲(す)ひてわらべとなりにけり。

三　高(たか)く鼻(はな)つくいその香(か)に、
　　不斷(ふだん)の花(はな)のかをりあり。
　　なぎさの松(まつ)に吹(ふ)く風(かぜ)を、
　　いみじき樂(がく)と我(われ)は聞(き)く。

9. 나는 바다의 사내아이

1 나는 바다의 사내아이 하얀 파도가
  철썩이는 해변의 솔밭에
  연기 나부끼는 뜸집이야말로
  나의 그리운 고향집이어라

  2 태어나서 바닷물에 목욕하고
    파도를 자장가 삼아 들으며
    천 리를 밀려오는 바다의 기운을
    받고 자란 아이라네

3 코를 찌르는 갯내음에
  끝없는 꽃향기 있어라
  해변가 소나무에 부는 바람을
  훌륭한 음악으로 나는 듣노라

四　丈餘(ぢやうよ)のろ・かい操(あやつ)りて、
　　行手(ゆくて)定(さだ)めぬ浪(なみ)まく
　　ら、
　　百尋(ももひろ)・千尋(ちひろ)海(うみ)
　　の底(そこ)、
　　遊(あそ)びなれたる庭(には)廣(ひろ)し。

五　幾年(いくとせ)ここにきたへたる
　　鐵(てつ)より堅(かた)きかひなあり。
　　吹(ふ)く塩風(しほかぜ)に黑(くろ)みたる
　　はだは赤銅(しやくどう)さながらに。

六　浪(なみ)にただよふ氷山(ひようざん)も、
　　來(きた)らば來(きた)れ、恐(おそ)れんや。
　　海(うみ)まき上(あ)ぐるたつまきも、
　　起(おこ)らば起(おこ)れ、驚(おどろ)かじ。

4 한 길 남짓 노와 삿대를 저어
정처없는 뱃길 파도를 베개 삼아
백 길 천 길 깊은 바닷속
놀아서 익숙해진 마당 넓어라

5 여러 해 이곳에서 단련하니
강철보다 단단한 팔이 되었네
부는 바닷바람에 검게 그을린
피부는 구릿빛 같아라

6 파도에 떠다니는 빙산이라도
올테면 와라 두려울쏘냐
바다를 감아올리는 회오리라도
일테면 일어라 놀라지 않으리

七　いで、大船(おほふね)を乗出(のりだ)して、
　　我(われ)は拾(ひろ)はん、海(うみ)の富(とみ)。
　　いで、軍艦(ぐんかん)に乗組(のりく)みて、
　　我(われ)は護(まも)らん、海(うみ)の國(くに)。

7 나가자 큰 배를 타고 나아가
　나는 획득하리라 바다의 부(富)를
　나가자 군함에 승선하여
　나는 수호하리라 바다의 나라

一〇　キヤンプ

一　山(やま)のキヤンプだ、キヤンプの朝(あさ)だ。
　　谷(たに)へ降(くだ)つて、珠(たま)散(ち)る水(みづ)で
　　身體(からだ)きよめて、日(ひ)の出(で)を拝(をが)みや、
　　肌(はだ)はひえびえ巒氣(らんき)は澄(すん)で、
　　けがれ知(し)らない心(こころ)にかへる。

二　山(やま)のキヤンプだ、キヤンプの書(ひる)だ。
　　自炊(じすゐ)御飯(ごはん)に罐詰(くわんづめ)料理(れうり)、
　　粗末(そまつ)ながらも箸(はし)とりあげりや、
　　舌(した)にしみじみおいしく食(た)べて、
　　素朴(そぼく)たつとぶ心(こころ)にかへる。

三　山(やま)のキヤンプだ、キヤンプの夜(よる)だ。
　　枝(えだ)をあつめて、焚火(たきび)を焚(た)いて、
　　圓(まる)く座(ざ)を占(し)め思(おもひ)を語(かた)りや、
　　顔(かほ)はあかあかみな輝(かがや)いて、
　　遠(とほ)い祖先(そせん)の心(こころ)にかへる。

10. 캠프

1 산의 캠프다 캠프의 아침이다
　　골짜기로 흘러 구슬처럼 흩어지는 물로
　　몸을 깨끗이 하고 일출을 맞이하니
　　피부는 서늘하고 산 정기 맑아서
　　부정타지 않는 마음으로 돌아가네

2 산의 캠프다 캠프의 낮이다
　　직접 지은 밥에 통조림 요리
　　변변치는 않지만 젓가락 집어들고
　　더없이 맛있게 먹으며
　　소박함을 존중하는 마음으로 돌아가네

3 산의 캠프다 캠프의 밤이다
　　마른가지 모아서 모닥불 피우고
　　둥글게 둘러앉아 속마음을 이야기하니
　　얼굴은 발그랗게 모두 빛나고
　　머언 조상의 마음으로 돌아가네

一一　空の勇士

一　高射砲彈(かうしやはうだん)炸裂(さくれつ)し
　　雲(くも)に轟(とどろ)く明(あ)けの空(そら)、
　　機翼(きよく)連(つら)ねて敢然(かんぜん)と、
　　空(そら)を壓(あつ)して突入(つきい)れば、
　　うづ卷(ま)き騒(さわ)ぐ敵(てき)の基地(き
　　ち)。

二　挑(いど)み來(く)る敵(てき)、引(ひ)きつけて
　　　撃(う)つや猛射(まうしや)の腕(うで)さえ
　　　て、
　　焰(ほのほ)吹(ふ)きつつ落(お)ちて行(ゆ)く
　　　敵機(てきき)たちまち九機(くき)・十機(じ
　　　つき)、
　　眞下(ました)に描(ゑが)く火(ひ)の柱(はし
　　ら)。

11. 하늘의 용사

1 고사포탄 작렬하여
　　구름에 울려퍼지는 새벽하늘
　　비행기 줄지어 용맹스럽게
　　하늘을 제압하며 돌진하니
　　혼비백산 허둥대는 적의 기지

2 덤벼드는 적 유인하여
　　　　　쏘노라 사격솜씨 발휘하여
　　화염을 뿜으며 떨어져 가는
　　　　　적기 순식간에 아홉 대 열 대
　　수직으로 떨어지는 불기둥

三　群(むら)がる敵機(てきき)蹴散(けち)らして
　　迫(せま)る勇士(ゆうし)が、悠悠(いういう)と
ねらひたがはぬ爆撃(ばくげき)に、
　　木端徴塵(こつぱみぢん)の敵(てき)の陣(ぢ
　　ん)、
見(み)るまに蔽(おほ)ふ黑煙(くろけむり)。

四　今(いま)ぞ、殲滅(せんめつ)、聲(こゑ)もなく
敵地(てきち)脚下(きやくか)にひれ伏(ふ)すを、
見(み)つつ莞爾(くわんじ)と勝鬨(かちどき)の
機首(きしゆ)をかへせば、東天(とうてん)に
輝(かがや)き昇(のぼ)る朝日影(あさひかげ)。

3 떼지어 몰려오는 적기 쫓아버리고
　　돌진하는 용사가 여유있게
　목표물 정조준한 폭격으로
　　산산조각 난 적의 진지
　순식간에 뒤덮인 검은 연기

4 이때다 섬멸, 소리도 없이
　적의 진지 발아래 항복하는 것을
　보고 미소 지며 개가의
　기수를 돌리니 동쪽하늘에
　찬란하게 떠오르는 아침햇살

一二　小鳥は歌ふ

一　小鳥(ことり)はうたふ、野(の)に里(さと)に、
　　山(やま)に、林(はやし)に、ひねもすを。
　　心(こころ)のどかに聲(こゑ)はりあげて、
　　ちゆんからきいよ、やはらぎあれと、
　　ぴいちくぴいよ、明(あ)かるくあれと。
　　光(ひかり)よ、高(たか)く空(そら)にあれ。
　　歌(うた)ごゑ清(きよ)くここにあれ。

二　小鳥(ことり)はうたふ、日(ひ)に、雲(くも)に、
　　風(かぜ)に、露(つゆ)霜(しも)いとひなく。
　　力(ちから)こめつつ羽(はね)ふるはせて、
　　ちゆんからきいよ、喜(よろこび)あれと、
　　ぴいちくぴいよ、努(つと)めてあれと。
　　望(のぞみ)よ、高(たか)く胸(むね)にあれ。
　　歌(うた)ごゑつよくここにあれ。

12. 작은 새 노래하네

1 작은 새는 노래하네 들에도 마을에도
　산에도 숲에도 하루종일
　한가롭게 소리 높여서
　재잘 재잘 재잘 재잘 평안하라고
　종달 종달 종달이 밝아지라고
　빛이여 드높이 하늘에 있어라
　노랫소리 맑게 여기 있어라

2 작은 새는 노래하네 해에도 구름에도
　바람에도 서리 이슬 가리지 않고
　힘주어 날개를 흔들면서
　재잘 재잘 재잘 재잘 기뻐하라고
　종달 종달 종달이 근면하라고
　희망은 드높이 가슴에 있어라
　노랫소리 힘차게 여기에 있어라

一三　朝鮮鐵道唱歌

京釜線

興亞日本(こうあにほん)のあかつきに、
　大陸(たいりく)さすやまつしぐら、
　　のぞみを乗(の)せてひた走(ばし)る
　　　ひかりもすがし京釜線(けいふせん)。

朝霧(あさぎり)晴(は)るる釜山港(ふざんかう)、
　連絡船(れんらくせん)や見送(みおくり)に
　　惜(を)しむ名殘(なごり)も後(あと)にして、
　　　發車(はつしや)のベルのなりひびく。

洛東江(らくとうかう)はゆるやかに
　靑空(あをぞら)ひたす雲(くも)の影(かげ)。
　　龜浦(きほ)を過(す)ぐれば三浪津(さんらうしん)、
　　　蔬菜(そさい)も梨(なし)もうづたかし。

鎭海(ちんかい)・馬山(まさん)・晋州(しんしう)を
　西(にし)のかなたにのぞみつつ、
　　密陽(みつやう)過(す)ぎて大邱(たいきう)や、
　　　空(そら)に銀翼(ぎんよく)、地(ち)に林檎
　　　(りんご)。

13. 조선철도창가

경부선

흥아(興亞) 일본 새벽녘에
　대륙을 향하네 쏜살같이
　　희망 싣고 질주하네
　　　광채도 찬란한 경부선

아침안개 걷힌 부산항
　연락선의 작별에
　　아쉬운 석별의 정 뒤로 하고
　　　발차신호 울려 퍼지네

낙동강은 유유히 흐르고
　창공을 적시는 구름 그림자
　　구포를 지나니 삼랑진
　　　채소도 배(梨)도 산더미라네

진해 마산 진주를
　서편 아득히 바라보면서
　　밀양 지나서 대구라네
　　　하늘에 비행기 땅엔 사과

支線(しせん)を東(ひがし)、慶州(けいしう)は、
　　新羅(しらぎ)の舊都(きうと)、草(くさ)深(ふか)く、
　　　金冠塚(きんくわんづか)や瞻星臺(せんせいだい)、
　　　　榮華(えいぐわ)の跡(あと)を偲(しの)ぶかな。

石窟庵(せきくつあん)におはします
　　釋迦(しやか)のみ像(ざう)のやさしさに、
　　　松風(まつかぜ)遠(とほ)く池(いけ)澄(す)みて
　　　　昔語(むかしがたり)の懷(なつか)しや。

金泉(きんせん)出(い)でて、白雲(はくうん)の
　　秋風嶺(しうふうれい)を越(こ)えゆけば、
　　　大田(たいでん)の街(まち)眼(め)もあやに、
　　　　湖南(こなん)は近(ちか)し、分岐點(ぶんき
　　　てん)。

天安驛(てんあんえき)に下(お)り立(た)てば、
　　はや、溫陽(おんやう)の湯(ゆ)の煙(けむり)。
　　　水原城趾(すゐげんじやうし)綠(みどり)濃(こ)く、
　　　　雨(あめ)もしづけし華虹門(くわこうもん)。

동쪽 지선으로 경주는
　신라의 옛 도읍지 폐허로다
　　금관총과 첨성대
　　　영화롭던 세월이 사무치구나

석굴암에 모셔져 있는
　석가상의 온화함에
　　멀리서 솔바람 불고 연못 맑아서
　　　옛이야기의 그리움이여

김천을 나서서 백운의
　추풍령을 넘어가니
　　대전 시가지 눈부시어라
　　　호남이 가깝구나 갈림길

천안역에 내려서니
　어느덧 온양의 온천 수증기
　　수원성터 녹음은 짙고
　　　빗소리도 고요하구나 화홍문2

---

2 **화홍문(華虹門)** : 조선 정조 18년에 방화수류정과 함께 착공을 하여 이 듬해에 준공한 수원화성의 북수문인 화홍문(華虹門)은 수문 쪽으로 접 근하는 적을 감시하는 목적으로 만든 정면 3칸, 측면 2칸의 누각 아래 7개의 수문(가운데의 수문은 크고 양옆으로 3개씩 여섯 개의 수문이 있음)이 있다. 남북으로 흐르는 수원천의 범람을 방지하는 기능과, 적 의 침투를 막는 방어적인 기능을 가지고 있다.

うなるモーター飛(と)ぶ火華(ひばな)、
　近代都市(きんだいとし)の名(な)を負(お)ひて、
　　南京城(みなみけいじやう)工業地(こうげふち)、
　　　仁川港(じんせんかう)に連(つら)なりぬ。

銀翼(ぎんよく)のかげ仰(あふ)ぎつつ
　とどろとわたる漢江橋(かんかうけう)、
　　龍山驛(りゆうざんえき)をいま過(す)ぎて、
　　　ああ、あこがれの大京城(だいけいじやう)。

朝鮮神宮(てうせんじんぐう)伏(ふ)し拜(をが)み、
　みいつを仰(あふ)ぐ宮柱(みやばしら)。
　　昌慶苑(しやうけいゑん)や德壽宮(とくじゆきゆう)、
　　　石(いし)のきざはし、蔦(つた)青(あを)し。

울려대는 모터소리 튀는 불꽃
근대도시로 이름난
　남경성 공업지역
　　인천항으로 이어졌구나

은빛날개 비행기 우러르면서
쿠르르르 건너는 한강교
　용산역을 바로 지나니
　　아 - 동경하던 대경성

조선신궁3 참배하네
천황의 위광 받드는 신궁의 기둥
　창경원과 덕수궁
　　돌계단, 담쟁이덩굴 푸르구나

3 **조선신궁(朝鮮神宮)** : 1919년 7월 18일 아마테라스오미카미(天祖大神)
와 메이지 천황(明治天皇)을 제신으로 하여 조선신사(朝鮮神社)를 창
립하였다. 사격(社格)은 관폐대사(官幣大社)이며, 조선전체를 진수하는
신사로 규정하였다. 이에 1920년 남산정상에 용지 20만평, 경내 7000
평의 땅을 확보하여, 전사의 축조에 착수하여 6년만인 1925년에 준공
하였고, 6월 27일 '조선신사'를 '조선신궁'으로 개칭하였다. 그리고 동년
9월 14일에는 진좌제의 기일(동년 10월 15일)과 예제일(매년 10월 17
일)이 정해졌으며, 마침내 첫 예제가 거행 되었다. 건립 이후 조선총독
부는 처음에는 신사참배를 장려하다가 중일전쟁과 더불어 황민화정책
의 일환으로 신사참배를 의무화 하여 참배객이 급격히 증가하는 추세
를 보이기도 하였다. 조선신궁은 패전 직후 1945년 8월 16일 스스로
하늘로 돌려보냄을 의미하는 승신식을 연 뒤 신궁의 해체 작업을 벌였
으며, 각종 신물은 일본으로 수송하였다. 이후 11월 17일에 조선신궁은
완전 폐지 철거되었고, 그 자리에 남산공원이 조성되었다.

東亞連鎖(とうあれんさ)の要衝(えうしよう)と
　今(いま)こそ誇(ほこ)れ、百萬(ひやくまん)の
　大都(だいと)のすがた晴(は)れやかに、
　　飛躍(ひやく)の力(ちから)溢(あふ)れたり。

　동아시아 연결의 요충이라
　　이제야말로 자랑하세 1백만 인구
　　　대도시의 자태 찬란하게
　　　　비약의 힘 넘쳐나네

一四　鎌倉

一　七里(しちり)が濱(はま)のいそ傳(づた)ひ、
　　　稻村崎(いなむらがさき)、名將(めいしやう)の
　　　劒(つるぎ)投(とう)ぜし古戰場(こせんぢやう)。

二　極樂寺(ごくらくじ)坂(ざか)越(こ)え行(ゆ)けば、
　　　長谷觀音(はせくわんのん)の堂(だう)近(ちか)く、
　　　露坐(ろざ)の大佛(だいぶつ)おはします。

14. 가마쿠라

1 시치리가하마4 물길을 따라
   이나무라가사키5 명장이
      검을 던진 옛 전쟁터

2 고쿠라쿠지6 고개 넘어가니
   하세관음당7 근처
      노천에 대불(大佛)이 모셔져 있네

---

4 **시치리가하마**(七里ヶ濱) : 가나가와현(神奈川県) 가마쿠라시(鎌倉市) 남
   서부에 있는 사가미만(相模湾)에 접한 2.9km의 바닷가로 이나무라가사
   키(稲村ヶ崎)와 고유르기(小動)곶 사이에 있다. 일본의 아름다운 해변
   백개 중 하나로 선정됨
5 **이나무라가사키**(稲村ヶ崎) : 가나가와현(神奈川県) 가마쿠라시(鎌倉市)
   의 옛 지명. 가마쿠라는 무인정치의 발상지인 만큼 3면이 산으로 둘러
   싸여 방어에 뛰어난 이 지역은 지금도 수많은 사적이 남아 있다.
6 **고쿠라쿠지**(極樂寺) : 가마쿠라시(鎌倉市) 소재 진언률종사원(真言律宗
   寺院)
7 **하세관음당**(長谷觀音堂) : 가마쿠라시(鎌倉市)에 소재한 정토종(浄土宗)
   계통의 사원 하세지(長谷寺) 안의 관음당

三　由比(ゆひ)の濱邊(はまべ)を右(みぎ)に見(み)て、
　　雪(ゆき)の下(した)道(みち)過(すぎ)行(ゆ)けば、
　　八幡宮(はちまんぐう)の御社(おんやしろ)。

四　上(のぼ)るや石(いし)のぎざはし8の
　　左(ひだり)に高(たか)き大(おほ)いてふ、
　　問(と)はばや、遠(とほ)き世世(よよ)の跡
　　(あと)。

五　若宮堂(わかみやだう)の舞(まひ)の袖(そで)、
　　しづのをだまきくりかへし
　　かへしし人(ひと)をしのびつつ。

---

8 악보에는 きざはし로 표기되어 'きざはし'의 오자로 추정됨.

3 유이9의 해변을 오른쪽으로 보며

　　유키노시타10 길을 지나가니

　　　　하치만구11신사

4 올라가는 돌계단

　　왼쪽에 높이 커다란 은행나무

　　　　묻고 싶어라 오랜 세세의 흔적

5 와카미야당12의 춤 소매자락

　　시즈13의 실꾸리 반복하며

　　　　옛 연인을 그리워하네

　9 **유이가해변**(由比ヶ浜) : 현재 가나가와현 가마쿠라 남부 사가미 만에
　　접해 있는 해안의 명칭. 해수욕장으로도 유명함.
10 **유키노시타**(雪下) : 쓰루오카(鶴岡) 하치만구(八幡宮)의 카마쿠라시(鎌倉市)
11 **하치만구**(八幡宮) : 일본 각지에 있는 하치만神을 제신으로 모시는 신사.
12 **와카미야당**(若宮堂) : 본래의 신사에서 모시던 신이나 부자관계에 있는
　　신을 다른 곳에 모시는 신사를 말하는데, 이곳은 교토(京都)의 이와시
　　미즈하치만구(石淸水八幡宮)의 신을 가마쿠라(鎌倉) 유이가쓰루오카(由
　　比郷鶴岡)에 모신 신사로, 미나모토노요시쓰네(源義経)의 애첩인 시즈
　　카고젠(静御前)에 얽힌 일화가 있는 장소이다. 요리토모(頼朝)의 명령
　　에 의해 와카미야의 긴 복도에서 시라뵤우시(白拍子)를 추게 된 시즈
　　카고젠은 가마쿠라 막부 개설을 축하하는 대신 「고킨슈(古今集)」와 「이
　　세모노가타리(伊勢物語)」를 패러디해 쫓기는 연인 요시쓰네를 그리워
　　한 노래를 부르며 춤을 추었다.
13 **시즈노오다마키**(倭文の苧環) : 옛날 옷감의 일종으로 삼실 등의 씨실을
　　빨강색 파랑색 등으로 물들여 여러 가지 무늬를 만들어내는 고대의 직
　　물을 짜는 데 사용되는 베실꾸리를 말한다.

六　鎌倉宮(かまくらぐう)にまうでては、
　　　盡(つ)きせぬ親王(みこ)のみうらみに、
　　　悲憤(ひふん)の涙(なみだ)わきぬべし。

七　歴史(れきし)は長(なが)し七百年(しちひやくねん)、
　　　興亡(こうばう)すべてゆめに似(に)て、
　　　英雄(えいゆう)墓(はか)はこけむしぬ。

八　建長(けんちやう)・圓覺(ゑんがく)古寺(ふるでら)の
　　　山門(さんもん)高(たか)き松風(まつかぜ)に、
　　　昔(むかし)の音(おと)やこもるらん。

6 가마쿠라궁에 참배하니
　　　다하지 못한 황자의 원한에
　　　　　비분의 눈물만 솟구치네

7 역사는 길어라 7백 년
　　　흥망성쇠 모두가 꿈과 같아서
　　　　　영웅의 무덤엔 이끼만 끼었네

8 겐초[14], 엔카쿠[15]의 오래된 절
　　　산문(山門) 높이 솔바람소리에
　　　　　옛 소식이 담기어 있네

14 **겐초지(建長寺)** : 가마쿠라시(鎌倉市) 야마노우치(山ノ內)의 선종 사원.
15 **엔카쿠지(円覚寺)** : 가마쿠라시(鎌倉市) 야마노우치(山ノ內)의 사원. 가
　　마쿠라 시대에 분에(文永) 전쟁과 고우안(弘安) 전쟁의 사망자를 추모
　　하기 위해 중국의 승려 무가쿠 소겐(無学祖元)을 불러 창건하였음.

一五　金剛山

一　毘盧(びろ)の高嶺(たかね)を中(なか)にして
　　連(つら)なりめぐる峯峯(みねみね)は、
　　　天(てん)の柱(はしら)とそそり立(た)ち、
　　　紫紺(しこん)にすめる萬二千(まんにせん)。

二　靑葉(あおば)・若葉(わかば)のこみどりの
　　とけて流(なが)るる水(みづ)淸(きよ)く、
　　　瀧(たき)とかかりて、淵(ふち)と澄(す)み、
　　　九龍淵(きうりゆうゑん)の名(な)もたかし。

三　大空(おほぞら)秋(あき)の香(か)をこめて
　　萬物相(ばんぶつさう)の花紅葉(はなもみぢ)、
　　　四十八寺(しじふはちじ)の鐘(かね)はすみ、
　　　霧(きり)は、しらじら流(なが)れゆく。

四　木枯(こがらし)ふけば金剛(こんがう)は、
　　全山(ぜんざん)、銀(ぎん)の冬(ふゆ)ごろも、
　　　寒月(かんけつ)空(そら)にこほるとき
　　　日本海(につぽんかい)に、波高(なみたか)し。

15. 금강산

1 높은 비로봉을 가운데 두고
  연이어 둘러싼 봉우리들은
  하늘의 기둥으로 우뚝 솟아
  남보라빛 깃들은 1만 2천 봉

2 푸른 잎 어린 잎 진녹색이
  녹아 흐르는 물 깨끗하고
  폭포와 어우러져 연못으로 맑아지니
  구룡포의 명성 높구나

3 넓은 하늘 가을향기를 머금은
  만물상의 꽃단풍
  사십팔사(四十八寺)의 종은 맑게 울리고
  안개는 희끄무레 흘러가네

4 초겨울 찬바람 불면 금강산은
  온 산이 은빛 겨울옷
  겨울밤의 밝은 달 하늘에 얼 때
  일본해16에 파도 높구나

16 여기에서 일본해는 한국의 동해(東海)를 지칭한다.

一六　大東京

一　旭(あさひ)明(あ)かるくさし出(い)でて、
　　みどりかがやく二重橋(にぢゆうばし)。
　　　一億(いちおく)の民(たみ)ほがらかに
　　　ことほぐ都(みやこ)、大東京(だいとうきやう)。

二　東亞(とうあ)を興(おこ)すわが國(くに)の
　　　力(ちから)はここにらんまんと、
　　　　東洋一(とうやういち)の名(な)を負(お)ひて
　　　　花(はな)唉(さ)く都(みやこ)、大東京(だいと
　　　うきやう)。

三　科學(くわがく)の力(ちから)、人(ひと)の和(わ)に、
　　　東西(とうざい)・古今(ここん)の粹(すゐ)をぬき、
　　　　築(きづ)く文化(ぶんくわ)は、燦然(さんぜん)と
　　　　かがやく都(みやこ)、大東京(だいとうきやう)。

16. 대동경

1 아침 해 밝게 비추기 시작하니
　녹음이 찬란한 니주바시[17]
　1억 백성이 명랑하게
　　　축복하는 수도 대동경

2 동아시아를 일으키는 우리 일본의
　힘은 여기에 충일하고
　동양 제일의 이름에 걸맞게
　　　꽃피는 수도 대동경

3 과학의 힘과 인간의 화합으로
　동서고금의 정수를 뽑아
　쌓아올린 문화는 찬란하게
　　　빛나는 수도 대동경

---

17 **니주바시(二重橋)** : 도쿄도(東京都) 지요다구(千代田区) 지요다(千代田)
의 황실 내에 있는 다리의 통칭이다. 황궁 정문으로부터 궁전으로 향
하는 도상의 니주바시호에 가설된 철교로, 황궁을 상징하는 가설물이
기도 하다. 정문에는 황궁 경찰의 황궁 호위관의 의장대가 있어 통상
일반인은 니주바시를 건널 수 없다. 다만, 사전에 수속을 하고 황궁의
참관을 하는 경우, 또는 신년이나 천황의 생일에 황거 참가시에는 정
문이 개방되어 허가 없이도 건널 수 있다.

四　さくらと匂(にほ)ふ日(ひ)の本(もと)の
　　伸(の)びゆく姿(すがた)さながらに、
　　　世界(せかい)の進(すす)みにさきがけて
　　　　榮(さか)ゆく都(みやこ)、大東京(だいとうき
　　や う)。

4 벚꽃 향기 풍기는 해뜨는 나라(日本)
뻗어가는 모습 그대로
세계 발전에 앞장서서
번영하는 수도 대동경

一七　故郷

一　兎(うさぎ)追(お)ひしかの山(やま)、
　　小鮒(こぶな)釣(つ)りしかの川(かは)、
　　　夢(ゆめ)は今(いま)もめぐりて、
　　　忘(わす)れがたき故郷(ふるさと)。

二　如何(いか)にいます、父母(ちちはは)、
　　恙(つつが)なしや、友(とも)がき、
　　　雨(あめ)に風(かぜ)につけても、
　　　思(おも)ひいづる故郷(ふるさと)。

三　こころざしをはたして、
　　いつの日(ひ)にか歸(かへ)らん、
　　　山(やま)はあをき故郷(ふるさと)、
　　　水(みづ)は淸(きよ)き故郷(ふるさと)。

17. 고향

1 토끼몰이하던 그 산
　붕어낚시하던 그 강
　　지금도 꿈에서 맴도는
　　잊을 수 없는 내 고향

2 평안하신지요 아버지 어머니
　잘 지내는가 친구여
　　비가 오고 바람이 불어도
　　생각나는 내 고향

3 입신출세하여
　언젠가는 돌아가리
　　산 푸른 내 고향
　　물 맑은 내 고향

一八　曉景

一　東(ひがし)の空(そら)、ほほゑみて、
　　さざめき出(い)づる、朝(あさ)あらし、
　　そよそよそよ吹(ふ)き渡(わた)る
　　森(もり)のあなた川(かは)のきし。

二　里(さと)わの森(もり)、霧(きり)はれて
　　うつつにかへる朝(あさ)ぼらけ、
　　鷄(とり)の聲(こゑ)ははなやかに
　　今日(けふ)を告(つ)げて高(たか)く鳴(な)く。

18. 새벽 정취

1 동녘 하늘 미소 짓고
   술렁이며 부는 상쾌한 아침바람
   산들 산들 산들바람 불어대는
   숲 저편 강기슭

2 마을 어귀의 숲 안개 걷히고
   어슴푸레 밝아오는 동틀녘
   닭 우는 소리는 청아하게
   아침을 알리며 소리 높여 우네

一九　荒城の月

一　春(はる)、高樓(かうろう)の花(はな)の宴(えん)、
　めぐる盃(さかづき)かげさして、
　千代(ちよ)の松(まつ)が枝(え)わけいでし
　むかしの光(ひかり)、いまいづこ。

　二　秋(あき)、陣營(ぢんえい)の霜(しも)の色(いろ)、
　　鳴(な)きゆく雁(かり)の數(かず)見(み)せて
　　植(う)うる劍(つるぎ)に照(て)りそひし
　　むかしの光(ひかり)、いまいづこ。

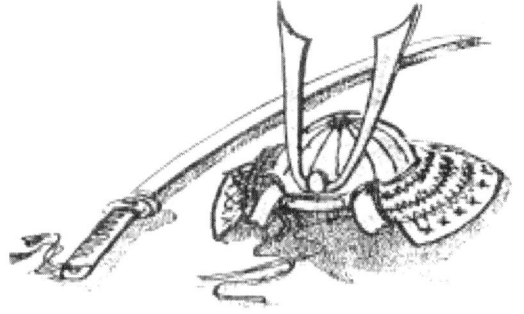

19. 황성의 달

1 봄, 고루(高樓)의 꽃놀이 향연
　돌아가는 술잔에 달빛 어리고
　오래된 나뭇가지 사이로 스미는
　그 옛날의 영광 지금 어디에

2 가을, 진영(陣營)의 서리빛
　울어에는 기러기 떼 보이고
　꽂아놓은 창검에 달빛 어리니
　그 옛날의 영광 지금 어디에

三　今(いま)、荒城(くわうじやう)のよはの月(つき)、
　　かはらぬ光(ひかり)たがためぞ、
　　垣(かき)に殘(のこ)るはただかづら、
　　松(まつ)に歌(うた)ふはただあらし。

四　天上(てんじやう)、影(かげ)はかはらねど、
　　榮枯(えいこ)は移(うつ)る世(よ)の姿(すがた)、
　　寫(うつ)さんとてか、今(いま)もなほ、
　　嗚呼(ああ)荒城(くわうじやう)の
　　　よはの月(つき)。

3 지금, 황성의 깊은 달밤
　변함없는 달빛 누구를 위함이런가
　울타리에 남은 것은 홀로 넝쿨 뿐
　소나무에 노래하는 것은 오직 거센 바람 뿐

4 하늘 위, 빛은 변함없건만
　영고성쇠 변해가는 세상의 모습을
　비추려 하는 것인가 지금도 여전히
　아ー 깊은 밤
　　황성의 달밤

二〇　北滿の野

一　東(ひがし)の空(そら)は　ほのぼの白(しら)み、
　　ここ北滿(ほくまん)の　はてなき曠野(くわうや)、
　　　垣根(かきね)をめぐる　若木(わかぎ)の楡(にれ)の
　　　みどり葉(は)かをる　拓士(たくし)の家(いへ)に、
　　　早(は)や、日(ひ)の御旗(みはた)軒(のき)にはためき、
　　　興安嶺(こうあんれい)に　朝風(あさかぜ)渡(わた)る。

二　興亞(こうあ)ののぞみ　こころに深(ふか)く、
　　遙遙(はるばる)來(き)たり、はてなき曠野(かうや)18、
　　　打(うち)振(ふ)る鍬(くは)に、新(あらた)な土(つち)の
　　　黑(くろ)く光(ひか)りて　にほふ畑(はたけ)に、
　　　見(み)よ、開拓(かいたく)の戰士(せんし)は若(わか)く、
　　　拓(ひら)けし畝(うね)も　地平(ちへい)につづく。

18 악보에는 くわうや로 표기되어 있음.

20. 북만주의 광야

1 동녘하늘 어슴푸레 밝아오고
  여기 북만주의 끝없는 광야
      담을 휘감은 어린 느릅나무
      초록잎 향기 풍기는 개척자의 집에
      벌써 일장기 처마에 펄럭이고
      흥안령19에 아침 바람 스치네

2 흥아(興亞)의 희망 마음 깊이 새기고
  멀리 멀리 왔노라 끝없는 광야
      내려치는 괭이에 새로운 흙이
      검게 빛나고 향내나는 밭이여
      보라! 개척의 전사는 젊고
      일군 밭두둑도 지평선에 이어지네

19 **흥안령(興安嶺)** : 중국 북동부, 내몽골 자치구와 흑룡강성에 걸친 산맥
  으로 서쪽이 대흥안령, 동쪽이 소흥안령이다. 대흥안령은 내몽고 북동
  부를 북북동에서 남남서로 달려, 길이 약 1500km, 표고(標高) 약 1500m,
  주봉우리는 황강봉으로 2029m이다. 중국의 고원과 평원을 나누는 구
  조선의 일부로, 산맥 서쪽은 완경사로 몽골 고원, 동쪽은 급경사로 동
  북평원으로 이어진다. 소흥안령은 흑룡강성 북동부를 북북서에서 남남
  동으로 달려, 표고 1000m 전후이며, 최고는 평정산으로 1429m이다.

三　故國(ここく)をあとに　子(こ)に隨(したが)ひて、
　遙遙(はるばる)來(き)たり、はてなき曠野(くわうや)、
　　子(こ)を勵(はげ)ましつ　拓土(たくし)の母(はは)は、
　　明日(あす)を望(のぞ)みて　丘(をか)に馬(うま)ひく。
　　見(み)よ、その母(はは)の日燒(ひや)けし顏(かほ)に、
　　五月(ごぐわつ)の空(そら)は　海(うみ)より靑(あを)し。

四　勤勞(きんらう)の歌(うた)、玉(たま)ちる汗(あせ)に、
　土(つち)新(あたら)しき　はてなき曠野(くわうや)、
　　王道樂土(わうだうらくど)　榮(さか)ゆくままに、
　　親子(おやこ)は祈(いの)る　今日(けふ)の夕空(ゆふぞら)。
　　おお、開拓(かいたく)の村(むら)の東(ひがし)、
　　忠靈塔(ちゆうれいたふ)は　黃金色(こがね)に光(ひか)る。

3 고국을 뒤로 하고 아들에 이끌려
　멀리 멀리 왔노라 끝없는 광야
　　아들을 격려하는 개척자의 어머니는
　　내일을 기대하며 언덕에 말을 끄네
　　보라! 그 어머니의 그을린 얼굴에
　　오월의 하늘은 바다보다 푸르네

4 근로의 노래 구슬 같은 땀방울에
　땅은 기름지고 끝없는 광야
　　왕도낙토 번영해 가는 대로
　　모자(母子)는 기원하네 오늘 석양에
　　아- 개척촌의 동쪽
　　충령탑은 황금빛으로 빛나네

二一　萬里の長城

一　長蛇蜿蜒(ちやうだゑんえん)幾百里(いくひやくり)、
　　荒野(あれの)よこぎり峯(みね)を越(こ)え、
　　胡沙(こさ)吹(ふ)く風(かぜ)の荒(すさ)ぶ中(なか)、
　　赤(あか)き夕陽(ゆふひ)の照(て)る處(ところ)、
　　涯(はて)なくつづく萬里(ばんり)の長城(ちやうじやう)。

二　流轉(るてん)興亡(こうばう)幾百年(いくひやくねん)、
　　榮枯盛衰(えいこせいすゐ)夢(ゆめ)に似(に)て、
　　ほろびし國(くに)と人人(ひとびと)の
　　古(ふる)き歷史(れきし)を物語(ものがた)り、
　　空(むな)しく殘(のこ)る
　　　　萬里(ばんり)の長城(ちやうじやう)。

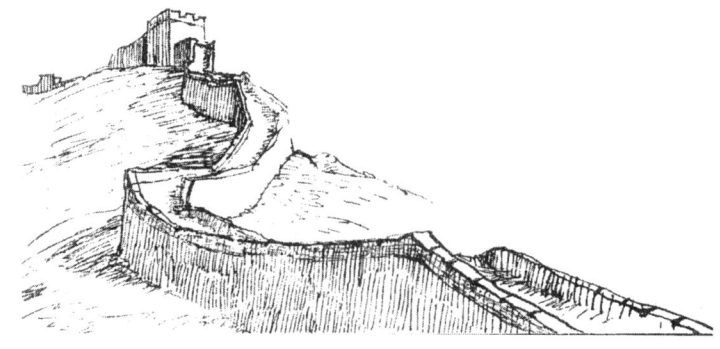

21. 만리장성

1 길다란 뱀처럼 구불 구불 수백 리
  황야를 가로 지르고 산봉우리를 넘어
  황사바람이 휘몰아치는 속에
  붉은 석양이 비추이는 곳
  끝없이 이어지는 만리장성

2 끊임없이 변화하고 흥망하기를 수백 년
  영고성쇠 꿈만 같아서
  멸망한 나라와 사람들의
  오랜 역사를 이야기하고
  허무하게 남아 있네
        만리장성

二二　冬木立

一　唯(ただ)一羽(いちは)はなれ烏(がらす)の
　　鳴(な)きもせず飛行(とびゆ)く方(かた)の、
　　丘(をか)の上(うへ)一(ひと)むらさびし、
　　枯木(かれき)に似(に)たる
　　冬木立(ふゆこだち)。

二　冬(ふゆ)の田(た)の
　　畔(くろ)に並(なら)べる
　　榛(はん)の木(き)の梢(こずゑ)にかかる
　　三日月(みかづき)の光(ひかり)は薄(うす)し、
　　夕暮(ゆふぐれ)寒(さむ)き枯(かれ)木立(こだち)。

22. 겨울나무

1 단 한 마리 외톨이 까마귀가
  울지도 않고 날아가는 곳
  언덕 위 한무리 스산하여라
  고목 같은
  겨울나무

2 겨울 논
  두렁에 늘어선
  오리나무 가지에 걸린
  초승달 빛은 어스름하여라
  스산한 해질녘 고목나무

二三　すめらみくに

一　海原(うなばら)に　日(ひ)はのぼり、
　　ゆるぎなき姿(すがた)　富士(ふじ)が嶺(ね)、
　　神(かん)ながら　高光(たかひか)る、
　　　すめらみ國(くに)。
　　これぞ世界(せかい)に　たぐひなき
　　　わが日(ひ)の本(もと)。

二　大君(おほきみ)の　みため我等
　　(われら)、
　　生命(いのち)ささげて　たたかひ、
　　義(ぎ)に勇(いさ)む　もののふぞ、
　　　すめらいくさ。
　　これぞ東亞(とうあ)を　まもりゆく
　　　わが日(ひ)の本(もと)。

23. 천황의 나라

1 넓은 바다에 해는 떠오르고
흔들림 없는 후지산 봉우리
신의 뜻대로 드높이 빛나는
천황의 나라
이야말로 세계에 비할 바 없는
우리 일본

2 천황을 위한 우리들
목숨을 바쳐 싸우는
의로움에 피 끓는 용사라네
천황의 군대
이야말로 대동아를 지켜나갈
우리 일본

三　まごころを　ひとつになし、
　　努(つと)め勵(はげ)める　國民(くにたみ)、
　　おほみいつ
　　　　高照(たかて)らす
　　　　　すめらみくに。
　　これぞ八紘(はつくわう)を　宇(いへ)となす
　　　　わが日(ひ)の本(もと)。

3 진심을 하나로 단결하여
　　임무를 다하는 백성
　　천황의 위광
　　　드높이 비추는
　　　　천황의 나라
　이야말로 팔굉일우20
　　　우리 일본

---

20 **팔굉일우(八紘一宇)** : 일본의 천황제 파시즘의 핵심 사상으로 태평양전
쟁 시기에 접어든 일본제국이 세계 정복을 위한 제국주의 침략 전쟁을
합리화하기 위해 내세운 구호로, "전 세계가 하나의 집"이라는 뜻을 갖
고 있다. 나날이 전쟁이 확장되어 가던 1940년 고노에 후미마로(近衛文
麿) 총리가 시정 방침 연설에서 "황국(일본)의 국시는 팔굉을 일우하는
(천황을 위해 전 세계(八紘, 팔굉)를 하나의 집(一宇, 일우)으로 만드는
세계정복) 국가의 정신에 근거한다."고 말한 데서 널리 사용되게 되었다.

二四　花

一　春(はる)のうららの隅田川(すみだがは)、
　　のぼりくだりの船人(ふなびと)が、
　　櫂(かい)のしづくも花(はな)と散(ち)る、
　　ながめを何(なに)にたとふべき。

二　見(み)ずや、あけぼの露(つゆ)浴(あ)びて、
　　われにもの言(い)ふ櫻木(さくらぎ)を。
　　見(み)ずや、夕(ゆふ)ぐれ手(て)をのべて、
　　われさし招(まね)く青柳(あをやぎ)を。

三　錦(にしき)おりなす長堤(ちやうてい)に、
　　暮(く)るれば上(のぼ)るおぼろ月(づき)、
　　げに一刻(いつこく)も千金(せんきん)の
　　ながめを何(なに)にたとふべき。

24. 꽃

1 화창한 봄날 스미다가와[21]
　　오르내리는 뱃사공이
　노 젓는 물방울도 꽃처럼 떨어지는
　　정경을 무엇에 비유할까

2 보았는가 새벽이슬 머금고
　　　우리에게 말 거는 벚꽃나무를
　보았는가, 저녁노을 손을 뻗어
　　　우리를 손짓하는 푸른 버들을

3 비단으로 짠 긴 둑에
　　　해 저물면 떠오르는 으스름달
　참으로 일각이 천금 같은
　　　정경을 무엇에 비유할까

21 **스미다가와**(隅田川) : 도쿄의 동부 도쿄만과 도쿄의 북부를 잇는 도쿄의 가장 중요한 수로이다. 여기서는 스미다강(隅田川) 대신 많이 알려진 스미다가와로 표기하였다.

二五　アジヤの光

一　日(ひ)出(い)づるところ　大八洲(おほやしま)、
　　奮(ふる)ひ立(た)ちたる　一億(いちおく)の
　　生氣(せいき)に映(は)ゆる　櫻花(さくらばな)、
　　輝(かがや)くアジヤ　うち立(た)てん
　　のぞみの光(ひかり)、大日本(だいにつぽん)。

二　世紀(せいき)のよあけ　新東亞(しんとうあ)、
　　自覺(めざ)め讃(たた)ふる　十億(じふおく)の
　　歡(よろこ)び仰(あふ)ぐ　日(ひ)の御旗(みはた)、
　　伸(の)び行(ゆ)くアジヤ　永(とこし)へに
　　みちびく光(ひかり)、大日本(だいにつぽん)。

25. 아시아의 빛

1 해 뜨는 곳 일본
  분발하여 일어서는 1억 국민의
  생기 있게 빛나는 벚꽃
    찬란한 아시아 건설하세
    희망의 빛, 대일본

2 세기의 여명 신동아
  깨달아 호응하는 10억 인의
  환호하여 추앙하는 일장기
    뻗어가는 아시아 영원히
    인도하는 빛, 대일본

일제강점기 조선총독부 편찬

초등학교 〈唱歌〉 교과서 대조번역 (中)

『初等唱歌』

第六學年

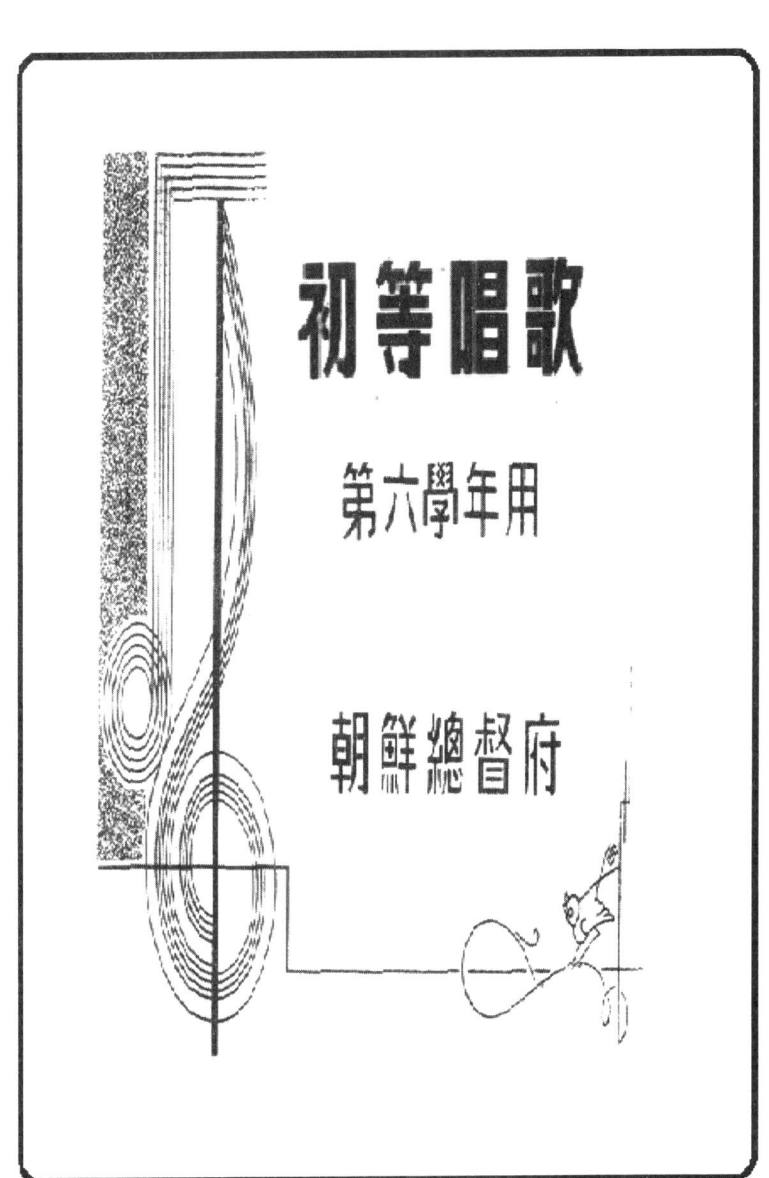

初等唱歌

第六學年用

朝鮮總督府

緒 言

一 本書ハソノ編纂ニ當リ、皇國臣民タルノ情操涵養ニ
適切ナル唱歌ノ採擇ニ留意セリ。

二 儀式用唱歌ハ、コレヲスベテ別冊「みくにのうた」
ニ輯錄セリ。

三 本書ハ音樂教育ノ進步ト時代ノ要求トニ鑑ミ、平易
雅正ニシテ兒童ノ心情ヲ快活醇美ナラシムルモノヲ
採擇シ、コレニ新作ヲ加ヘタルモノナリ。

四 本書ノ歌詞ハ努メテ材料ヲ各方面ニ採リ、文體・用
語等ハ成ルベク読本ト歩調ヲ一ニセンコトヲ期セ
リ。

五 本書ハソノ教材排列ニ當リ、樂譜指導ノ場合ヲ考慮
スルト共ニ、一面季節ニツキテモ留意セリ。

昭和十六年三月　　　　　　　　朝 鮮 總 督 府

서언

1. 본서는 그 편찬에 있어서 황국신민다운 정조함양에 적절한 창가의 채택에 유의함.

2. 의식용 창가는 모두 별책『의식창가』에 수록함.

3. 본서는 음악교육의 진보와 시대에 호응하여, 알기쉽고 기품 있으며 바른 것으로 하여 아동의 심정을 쾌활 순수케 한 것을 취하여, 이에 신곡을 붙인 것임.

4. 본서의 가사는 되도록 재료(材料)를 각 방면에서 취하고, 문체, 용어 등은 가능한 일본어교과서(小學校國語讀本)와 보조를 맞추려 기획함.

5. 본서의 교재배열에 있어서, 악보지도의 경우를 고려함과 동시에 전체 계절에도 유의하였음.

1941년 3월   조 선 총 독 부

『初等唱歌』第六學年
『초등창가』 제6학년

目次(목차)

一　春の野

一　菜(な)たねの花(はな)にとぶ胡蝶(こてふ)、
　　青空(あをぞら)高(たか)く鳴(な)く雲雀(ひばり)、
　　いづれかはらぬ樂(たの)しさを、
　　うたふか、春(はる)の野(の)に出(い)でて。

二　たんぽぽ・よめな・つくづくし、
　　手(て)かごに入(い)れて持(も)ちかへる、
　　野邊(のべ)のあぜみちおもしろや。
　　また來(こ)ん明日(あす)もうちつれて。

1. 봄의 들판

1 유채꽃에 노니는 나비
  푸른 하늘 드높이 노래하는 종달새
  모두 한결 같은 즐거움을
  노래하는 걸까, 봄의 들판에 나와

2 민들레, 쑥부쟁이, 쇠뜨기
  바구니에 담아 가져가는
  들판의 논두렁길 재미있구나
  또 오자꾸나 내일도 모두 다함께

二　さくら

さくら、さくら、
　　彌生(やよひ)の空(そら)は、
見渡(みわた)すかぎり
　　霞(かすみ)か、雲(くも)か、
にほひぞいづる。
　　いざや、いざや、見(み)に行(ゆ)かむ。

2. 벚꽃

벚꽃, 벚꽃
    3월 하늘에
보이는 것은 온통
    안개인지 구름인지
향기 가득하니
    어서 어서 보러 가세

三 鯉のぼり

一 甍(いらか)の波(なみ)と雲(くも)の波(なみ)、
　重(かさ)なる波(なみ)の中空(なかぞら)を、
　　橘(たちばな)かをる朝風(あさかぜ)に、
　　高(たか)く泳(およ)ぐや、鯉(こひ)のぼり。

二 開(ひら)ける廣(ひろ)き其(そ)の口(くち)に、
　舟(ふね)をも呑(の)まんさま見(み)えて、
　　ゆたかに振(ふ)るふ尾鰭(をひれ)には、
　　物(もの)に動(どう)ぜぬ姿(すがた)あり。

三 百瀬(ももせ)の瀧(たき)を登(のぼ)[1]りなば、
　忽(たちま)ち龍(りゆう)になりぬべき、
　　わが身(み)に似(に)よや男子(をのこご)と、
　　空(そら)に躍(をど)るや、鯉(こひ)のぼり。

---

1 악보에는 'のぼり'로 표기되어 있으나 가사집에 'のばり'로 되어있어 가
사집을 따라 그대로 표기하였음.

3. 고이노보리

1 기와의 물결과 구름의 물결
   겹쳐져 물결치는 공중을
       홍귤 향내나는 아침바람에
       높이 높이 헤엄치네 고이노보리

2 크게 벌린 그 입으로
   배라도 삼킬 듯이 보여서
       힘차게 흔드는 꼬리는
       세파에 흔들리지 않는 모습이어라

3 수많은 폭포를 올라가면
   곧바로 용이 될 텐데
       "아이야, 나를 닮아라"고
       하늘에서 춤추네 고이노보리

四　海

一　松原(まつばら)遠(とほ)く消(き)ゆるところ、
　　白帆(しらほ)の影(かげ)は浮(う)かぶ。
　　干網(ほしあみ)濱(はま)に高(たか)くして、
　　かもめは低(ひく)く波(なみ)に飛(と)ぶ。
　　　　　　見(み)よ、晝(ひる)の海(うみ)。
　　　　　　見(み)よ、晝(ひる)の海(うみ)。

二　島山(しまやま)闇(やみ)に著(しる)きあたり、
　　漁火(いさりび)、光(ひかり)淡(あは)し。
　　寄(よ)る波(なみ)岸(きし)に緩(ゆる)くして、
　　浦風(うらかぜ)輕(かろ)く沙(いさご)吹(ふ)く。
　　　　　　見(み)よ、夜(よる)の海(うみ)。
　　　　　　見(み)よ、夜(よる)の海(うみ)。

4. 바다

1 소나무 벌판 멀리 아득한 곳
　하얀 돛단배 그림자 떠 있네
　해변에 그물 높이 말리고
　갈매기는 파도 위를 낮게 나는 구나
　　　보라, 한낮의 바다
　　　보라, 한낮의 바다

2 섬의 산 그늘에 희미한 곳
　고깃배 등불 희미하네
　밀려오는 파도 해변에 부드럽고
　갯바람 가볍게 모래를 스치네
　　　보라, 한밤의 바다
　　　보라, 한밤의 바다

五　護れ大空

一　護(まも)れ大空(おほぞら)　斷(だん)じて護(まも)れ。
　　皇國(みくに)の靑空(あをぞら)　　東(ひがし)も西(にし)も、
　　　　　ゆるすな敵機(てきき)の　覗(のぞ)くさへ。
　　　　　斷(だん)じてはらへ　妖雲(えううん)は。

二　護(まも)れ大空(おほぞら)　斷(だん)じて護(まも)れ。
　　皇國(みくに)の靑空(あをぞら)　　南(みなみ)に北(きた)に、
　　　　　ゆるすな敵機(てきき)の　うなりさへ、
　　　　　斷(だん)じて逃(に)がすな　耳(みみ)立(た)てて。

三　護(まも)れ大空(おほぞら)　斷(だん)じて護(まも)れ。
　　皇國(みくに)の靑空(あをぞら)　ただ一片(いっぺん)の
　　　　　くもりもあらせず　澄(す)ましめよ。
　　　　　斷(だん)じて護(まも)れ　　仰(あふ)ぐ空(そら)。

5. 지키자! 넓은 하늘

1 지키자! 넓은 하늘 기필코 지키자
   황국의 푸른 하늘 동쪽도 서쪽도
     허용하지 말자 적기의 정찰마저
     기필코 물리치자 불길한 징조는

2 지키자! 넓은 하늘 기필코 지키자
   황국의 푸른 하늘 남으로 북으로
     허용하지 말자 적기의 엔진소리마저
     기필코 놓치지 말자 귀를 기울여

3 지키자! 넓은 하늘 기필코 지키자
   황국의 푸른 하늘 일말의
     거리낌도 없이 투명케 하자
     기필코 지키자 우러르는 하늘

六　麥打

一　木木(きぎ)の靑葉(あをば)も　　色濃(いろこ)く茂(しげ)り、

　　いつか麥(むぎ)打(う)つ　　　　頃(ころ)とはなりぬ。

　　老(おい)も若(わか)きも　　　　聲(こゑ)張(は)りあげて

　　うたふ歌聲(うたごゑ)　　　　　たのしき村(むら)よ。

二　晴(は)れし空(そら)には　　　　白雲(しらくも)うかび、

　　せどの胡瓜(きうり)も　　　　　實(み)のなるさかり。

　　老(おい)も若(わか)きも　　　　力(ちから)をあはせ

　　麥(むぎ)打(う)つ音(おと)の　　にぎはふ村(むら)よ。

三　庭(には)に一面(いちめん)　　　ひろげし麥(むぎ)の

　　黃金色(こがねいろ)なる　　　　穗(ほ)に照(て)る光(ひか)り)。

　　老(おい)も若(わか)きも　　　　體(からだ)にそみし

　　麥(むぎ)の香(にほひ)の　　　　ゆかしき村(むら)よ。

6. 보리타작

1 나무의 푸른 잎도   녹음이 짙어지고
  어느새 보리타작   시기 되었네
    노인도 젊은이도   소리 높여
    부르는 노랫소리   즐거운 우리 마을

2 맑은 하늘에   흰 구름 떠 있고
  뒷뜰의 오이도   한창이라네
    노인도 젊은이도   힘을 합하여
    보리타작 소리에   들썩이는 우리 마을

3 온 마당에   펼쳐 놓은 보리의
  황금빛   이삭에 비치는 햇살
    노인도 젊은이도   온 몸에 스며드는
    보리향기   그윽한 우리 마을

七　朝日は昇りぬ

一　朝日(あさひ)は昇(のぼ)りぬ、日(ひ)は出(い)でぬ。
　　海(うみ)には、帆綱(ほづな)をたぐり上(あ)げ、
　　追手(おひて)に帆(ほ)あげて船出(ふなで)する
　　海士人(あまびと)今(いま)や勇(いさ)むらん。

二　朝日(あさひ)は昇(のぼ)りぬ、日(ひ)は出(い)でぬ。
　　山(やま)には、小牛(こうし)を追(お)ひながら、
　　朝露(あさつゆ)踏分(ふみわ)け登(のぼ)りゆく
　　少女(をとめ)の歌(うた)や高(たか)からん。

三　朝日(あさひ)は昇(のぼ)りぬ、日(ひ)は出(い)でぬ。
　　町(まち)には、工場(こうば)の笛(ふえ)鳴(な)り
　　て、
　　今(いま)しも薄(うす)らぐ朝靄(あさもや)に、
　　機械(きかい)の音(おと)や響(ひび)くらん。

7. 아침 해는 떴네

1 아침 해는 떴네 해가 솟았네
　　　바다에는 돛줄을 끌어 올리고
　　　순풍에 돛을 달고 출항하는
　　　뱃사람 비로소 기운이 솟네

2 아침 해는 떴네 해가 솟았네
　　　산에는 송아지를 몰며
　　　아침 이슬 밟고 올라가는
　　　소녀의 노랫소리 드높네

3 아침 해는 떴네 해가 솟았네
　　　마을에는 공장의 호루라기 울리고
　　　이제야 엷어지는 아침 안개에
　　　기계소리도 요란하네

八　軍艦

一　港(みなと)の朝(あさ)もや
　　　　立(た)ちこむるとき、
　大城(おほき)の如(ごと)くに
　　　　黑(くろ)く浮(う)かべり。
　いかめしや、いくさぶね、
　これぞ國(くに)のまもり、國(くに)のかため。

二　平和(へいわ)の時(とき)には　力(ちから)ををさめ、
　　巨人(きよじん)の如(ごと)くに　しづまりかへる。
　　　ををしさよ、いくさぶね、
　　　これぞ國(くに)のまもり、國(くに)のかため。

三　されども戰雲(せんうん)　一(ひと)たび蔽(おほ)へば、
　　怒濤(どとう)の如(ごと)くに　起(おこ)りて出(い)
　でん。
　　　いさましや、いくさぶね、
　　　これぞ國(くに)のまもり、國(くに)のかため。

8. 군함

1 항구의 아침 안개
　　　　자욱할 때
　크나 큰 성처럼
　　　　검게 떠 있네
　근엄하도다 전투함
　이야말로 나라의 수호, 나라의 기둥

2 평화로운 때에는 힘을 비축하고
　　　거인처럼 묵묵히 있네
　　　씩씩하도다 전투함
　　　　이야말로 나라의 수호, 나라의 기둥

3 그러다가 한 차례 전운이 감돌면
　　　성난 파도처럼 몰려 나가네
　　　용맹하도다 전투함
　　　　이야말로 나라의 수호, 나라의 기둥

九　霧

一　おうい　おうい　と
　　　　　誰(だれ)かよぶ、
　山(やま)の上(うへ)から　誰(だれ)かよぶ。
　　　　　町(まち)は霧(きり)です、
　　　　さ霧(ぎり)です。
　カンナは露(つゆ)に
　　　　　ぬれてます。
　おうい　おうい　と
　　　　　誰(だれ)か呼ぶ、
　霧(きり)の中(なか)から　誰(だれ)かよぶ。

9. 안개

1 어─이 어─이 하며
　　　누군가 부르네
산 위에서 누군가 부르네
　　　　마을은 안개네요
　　　　온통 안개이네요
칸나는 이슬에
　　　　　젖어 있네요
어─이 어─이 하며
　　　　누군가 부르네
안개 속에서 누군가 부르네

二　おうい　おうい　と
　　　　　誰(だれ)かよぶ、
　　山(やま)の上(うへ)から　誰(だれ)かよぶ。
　　　　谷(たに)は霧(きり)です、
　　　　さ霧(ぎり)です。
　　野菊(のぎく)は露(つゆ)に
　　　　ぬれてます。
　　おうい　おうい　と
　　　　　誰(だれ)かよぶ、
　　霧(きり)の中(なか)から　誰(だれ)かよぶ。

2 어ー이 어ー이 하며
　　　　누군가 부르네
　산 위에서 누군가 부르네
　　　　골짜기는 안개네요
　　　　온통 안개이네요
　들국화는 이슬에
　　　　젖어 있네요
　어ー이 어ー이 하며
　　　　　누군가 부르네
　안개 속에서 누군가 부르네

一〇　沖の白帆

一　沖(おき)の白帆(しらほ)にそよ風(かぜ)吹(ふ)いて、
　　波(なみ)に鷗(かもめ)がすいすい飛(と)ぶよ。
　　えいさえいさと漕(ごき2))歸(かへ)る、
　　船(ふね)は大漁(たいれふ)の釣(つり)の船(ふね)。

二　沖(おき)の白帆(しらほ)に夕陽(ゆふひ)が映(は)えて、
　　濱(はま)の砂山(すなやま)あかあか燃(も)える。
　　濱(はま)に大勢(おほぜい)聲(こゑ)揚(あ)げて、
　　待(ま)つは大漁(たいれふ)の釣(つり)の船(ふね)。

2 こぎ의 오자로 추정됨.

10. 앞바다의 흰 돛

1 앞바다 흰 돛에 산들바람 불고
  파도 위에 갈매기가 획획 날으네
  영차 영차 노 저어 돌아가는
  배는 만선의 낚싯배

2 앞바다 흰 돛에 석양이 비치고
  해변의 모래언덕 붉게 타오르네
  바닷가에 많은 사람들 소리 높여
  기다리는 것은 만선의 낚싯배

一一　萩

一　萩(はぎ)は夜明(よあけ)の露(つゆ)の花(はな)、
　　折戸(をりど)を押(お)せば
　　ほろほろと、
　　　　ほろほろと、
　　　　葉末(はずゑ)をおつる露(つゆ)のたま。

二　萩(はぎ)は月夜(つきよ)の影(かげ)の花(はな)、
　　月(つき)がのぼればゆらゆらと
　　　　　　ゆらゆらと、
　　　　障子(しやうじ)の面(おも)にゆるる影
　　　　(かげ)。

11. 싸리나무

1 싸리나무는 새벽녘 이슬꽃
　덧문을 여니
　주르륵
　　　주르륵
　　　가지 끝에서 떨어지는 이슬방울

2 싸리나무는 달밤의 그림자꽃
　달이 뜨면 흔들 흔들
　　　　　흔들 흔들
　　　창문 앞에 어른거리는 그림자

一二　揚子江

一　雲(くも)よりいでて雲(くも)に入(い)る、
　　　流(なが)れは遠(とほ)し幾百里(いくひやくり)、
　　　支那大陸(しなたいりく)をつらぬきて、
　　　東(ひがし)へそそぐ揚子江(やうすかう)。

二　下(くだ)る筏(いかだ)の影(かげ)長(なが)く、
　　　のぼるジヤンクの數(かず)まして、
　　　夕陽(ゆふひ)は赤(あか)く千年(せんねん)
　　　の、
　　　歴史(れきし)を今(いま)に揚子江(やうすか
　　　う)。

12. 양자강

1 구름에서 나와 구름으로 들어가는
　　물길은 멀어라 수천리
　　　중국 대륙을 가로질러
　　　동쪽으로 흘러가는 양자강

2 내려가는 뗏목의 그림자 길어지고
　　올라가는 정크선3 수는 늘어나니
　　　석양은 붉어지고 천 년의
　　　역사를 오늘에 전하는 양자강

3 **정크선** : 중국에서 한나라시대부터 사용되는 전통적인 범선의 종류로, 빠른 속력을 낼 수 있는 선체의 구조로 되어 있다. 화려한 장식을 한 선박은 중국을 대표하는 외교사절 및 문화사절이 주로 탑승하였으며 일반적인 선박은 상선이나 여객선 등 다용도로 사용하였다.

三　蘆(あし)と楊柳(やなぎ)の村(むら)すぎて、
　　　霞(かすみ)たなびく水(みづ)や空(そら)、
　　　旅(たび)のいく日(ひ)を重(かさ)ねきて、
　　　南京(なんきん)近(ちか)し揚子江(やうすか
　　　う)。

四　流(なが)れはゆるく空(そら)靑(あを)し、
　　　やがて漢口(かんこう)・洞庭湖(どうていこ)、
　　　のぼるへさきに水(みづ)躍(をど)り、
　　　月影(つきかげ)淸(きよ)し揚子江(やうすか
　　　う)。

3 갈대와 버드나무 마을을 지나
  안개 길게 드리운 강과 하늘
    여행하는 날들이 거듭되니
    남경(南京)이 가깝구나 양자강

4 물길은 완만하고 하늘은 푸르네
  이윽고 한커우4, 동정호5
    올라가는 뱃머리에 물결이 춤추고
    달빛 맑아라 양자강

4 **한커우**(漢口) : 중국 동북지역의 지명.
5 **동정호**(洞庭湖) : 중국 호남성(湖南城) 북부에 있는 큰 호수. 예전에는
  '800리 동정(洞庭)'이라 불렸는데, 모래흙의 퇴적에 의해 지금은 많은
  호수늪(湖沼)으로 분류된다.

一三　志氣

一　み空(そら)は高(たか)く　我(わ)が意氣(いき)あがる。
　　敢爲(かんゐ)進取(しんしゆ)の　面(おもて)はあかく、
　　　　運動場(うんどうぢやう)は　軍(いくさ)のには
　　ぞ。
　　鍛鍊(たんれん)年(とし)ある　健兒(けんじ)の技倆(て
　　なみ)、
　　　　撓(たわ)まず恐(おそ)れぬ　男子(だんし)の精神
　　(こころ)。
　　正正堂堂(せいせいだうだう)。

二　日影(ひかげ)は落(お)ちて　わが業(わざ)はてぬ。
　　漲(みなぎ)る血潮(ちしほ)に　滿身(まんしん)ほてり、
　　　　慰(なぐさ)め顔(がほ)の　夕風(ゆふかぜ)涼(す
　　ずし。
　　かぎりつくしし　歡喜(くわんき)の聲(こゑ)は、
　　　　大空(おほぞら)ゆする　凱歌(がいか)のひびき。
　　萬歳(ばんざい)　萬萬歳(ばんばんざい)。

13. 넘치는 기상

1 하늘 높이 나의 사기 오른다
　과감한 진취의 얼굴 굳세고
　　　　운동장은 전투의 실전장이라
　다년 간 단련된 건아의 기량
　　　　굴하지 않고 두려워 않는 남아의 기상
　정정당당

2 석양은 지고 나의 임무 완수했네
　끓는 혈기 온 몸에 넘치네
　　　　충만한 얼굴에 저녁바람 상쾌하네
　최선을 다한 환희의 함성은
　　　　창공을 흔드는 개가의 메아리
　만세 만만세

一四　皇國の民

一　皇國(みくに)の民(たみ)と
　　生(う)まれきて、
　　　永久(とは)にかがやく　日(ひ)の丸(まる)の
　　　み旗(はた)のもとに　われ死(し)なむ、
　　　誓(ちかひ)は堅(かた)し　一億(いちおく)の
　　　われらぞ　君(きみ)のまもりなる。

二　おほみ寶(たから)の　名(な)に負(お)へる
　　み民(たみ)の榮(はえ)を　身(み)にしめつ、
　　　みことかしこみ　睦(むつ)みあふ、
　　　ちぎりは深(ふか)し　一億(いちおく)の
　　　われらぞ　國(くに)のもとゐなる。

14. 황국신민

1 황국신민으로
　태어나서
　　　　영원히 빛나는 일장기의
　　　　깃발 아래에 나 죽으련다
　　　　맹서는 굳건하다 1억 신민의
　　　　우리로세 천황의 지킴이 되리

2 황국신민의 이름에 걸맞는
　신민의 영광을 온 몸에 받고
　　　　천황의 말씀 삼가 받들고 서로 화목하여
　　　　다짐은 굳세어라 1억 신민의
　　　　우리로세 황국의 초석이 되리

三　世界(せかい)に平和(へいわ)　うち建(た)てむ
　　使命(しめい)は重(おも)し、感激(かんげき)の
　　　　心(こころ)一(ひと)つに
　　　　君(きみ)が代(よ)を、
　　　　高(たか)く歌(うた)はむ
　　　　一億(いちおく)の
　　われらぞ
　　國(くに)の光(ひかり)なれ。

3 세계에 평화를 건설하련다
  사명은 중하도다, 감격의
          마음을 하나로
          기미가요를
          소리 높여 부르세
          1억 신민의
  우리로세
  황국의 빛이 되어라

一五 秋曉

一　狭霧(さぎり)をくだる　舟人(ふなびと)は、
　　　聲(こゑ)ばかりなる　朝(あさ)ぼらけ。
　　岸村(きしむら)いまだ　夢(ゆめ)にして、
　　　燈火(ともしび)白(しろ)し　秋(あき)の川(かは)。

二　櫓聲(ろごゑ)涼(すず)しく　夜(よ)は明(あ)けて、
　　　朝鳥(あさとり)鳴(な)くや　川祉(かはやしろ)。
　　あけの鳥居(とりゐ)も　ほのぼのと、
　　　狭霧(さぎり)のひまに　見(み)えそめぬ。

15. 가을새벽

1 안개 속을 저어가는 뱃사람은
　　소리만 울리네 동이 틀 무렵
　강기슭 마을 아직 꿈 속이런가
　　등불이 하얗구나 가을의 새벽강

2 노 젓는 소리 상쾌하게 날은 밝아오고
　　아침새 지저귀네 강기슭 신사
　새벽녘의 도리이6도 희미하게
　　안개 틈새로 보이기 시작하네

---

6 **도리이(鳥居)** : 신사(神社) 입구에 세워 신역(神域)을 표시하는 두 기둥
의 문으로, 독특하면서도 단순한 양식을 지닌, 신사의 상징이라 할 수
있다. 기원이나 어원에 대해서는, 고대 인도의 탑을 둘러싼 담의 문을
도라나(トラーナ)라고 하기 때문에, 그것이 원형이라는 설이 있기도 하
고, 중국의 화표가 그 글자에 〈도리이〉라는 훈을 붙였다는 설도 있지
만 정설은 없다.

一六　興亞行進曲

一　今(いま)ぞ、世紀(せいき)のあさぼらけ、
　　　豊榮登(とよさかのぼ)る旭日(きよくじつ)の
　　四海(しかい)に燦(さん)と輝(かがや)けば、
　　　興亞(こうあ)の使命(しめい)雙肩(さうけん)に
　　擔(にな)ひて起(た)てり、民(たみ)五億(ごおく)。

二　聽(き)け、天地(あめつち)に反響(こだま)して、
　　　擧(あ)ぐる興亞(こうあ)の雄叫(をたけび)を、
　　理想(りさう)は熱(あつ)き血(ち)と燃(も)えて、
　　　アジヤの民(たみ)の行(ゆ)くところ、
　　希望(のぞみ)は溢(あふ)る海陸(かいりく)に。

16. 흥아행진곡

1 지금이로다, 세기의 새로운 시작
　　아름답게 솟아오르는 아침 해가
　사해에 찬란하게 빛나니
　　흥아(興亞)의 사명 두 어깨에
　짊어지고 일어서리 황국신민 5억

2 들어라, 천지에 메아리쳐
　　치솟는 흥아의 우렁찬 함성을
　이상은 뜨거운 피로 용솟음쳐
　　아시아의 신민이 나아갈 곳
　희망이 넘치네 온누리에

三　響(ひび)け、歡喜(くわんき)のこの調(しらべ)、
　　　輝(かがや)く首途(かどで)言壽(ことほ)ぎて、
　　協和(けふわ)の徴(しるし)彌(いや)高(たか)く、
　　　櫻(さくら)よ蘭(らん)よ花牡丹(はなぼたん)、
　　嵐(あらし)に堪(た)へて咲(さ)き香(かを)れ。

四　いざ、諸共(もろとも)に打(うち)建(た)てむ、
　　　永久(とは)の榮(さかえ)の大(だい)アジヤ、
　　渝(かは)らぬ盟(ちかひ)芳(かんば)しく、
　　　興亞(こうあ)の實(みのり)豐(ゆた)けくも、
　　世界(せかい)に示(しめ)せ、この偉業(ゐげふ)

3 울려라, 환희의 이 노래
　　빛나는 출발을 축복하여
　화합단결의 깃발 드높게
　　벗꽃이여 난이여 모란꽃이여
　모진 풍파 이겨내 향기롭게 꽃피워라

4 자, 다함께 건설하세
　　영원히 번영할 대아시아를
　변치 않는 맹서도 향기롭게
　　흥아의 결실도 풍요롭게
　세계 만방에 펼치세 이 위업을

一七　スキー

一　つらら　つつつう　樂(たの)しいスキー。
　　雪(ゆき)に二筋(ふたすぢ)　跡(あと)踏(ふ)みつけて、
　　長(なが)いスロープ　高(たか)い丘(をか)。
　　　すべりや　心(こころ)が　はればれかるい。

二　つらら　つつつう　樂(たの)しいスキー。
　　強(つよ)い寒(さむ)さも　冷(つめた)い風(かぜ)も、
　　いつか忘(わす)れて　氣(き)にならぬ。
　　　すべりや　からだが　ほかほかほてる。

三　つらら　つつつう　樂(たの)しいスキー。
　　雪(ゆき)は深(ふか)いよ、　見渡(みわた)す限(かぎ)り
　　けがれ　見(み)えない　銀世界(ぎんせかい)。
　　　すべりや　思(おもひ)も　しらじら冴(さ)える。

17. 스키

1 스르륵 슥- 슥- 즐거운 스키
  눈 위에 두 줄기 자국을 남기며
  긴 슬로프 높은 언덕
    스키 타니 마음이 상쾌하고 가볍구나

2 스르륵 슥- 슥- 즐거운 스키
  매서운 추위도 차가운 바람도
  어느새 잊고 아랑곳 않네
    스키 타니 몸이 후끈 후끈 따뜻하구나

3 스르륵 슥- 슥- 즐거운 스키
  눈이 많이 쌓였어요 보이는 것 모두
  때 묻지 않은 은세계
    스키 타니 생각도 환하게 맑아지구나

一八　樂しい我が家

一　光(ひか)るポプラの木(き)の下(した)の
　　厨(くりや)の窓(まど)にお母(かあ)さん、
　　僕(ぼく)のかへりを待(ま)つてゐる。
　　　いそいでかへるたんぼ道(みち)、
　　　燕(つばめ)がすいすいとんで行(い)く。

二　そよぐポプラの木(き)の下(した)の
　　冷(つめ)たい井戸(ゐど)で兄(にい)さんは、
　　汚(よご)れた足(あし)をすすいでる。
　　　飼葉(かひば)をねだる牛(うし)の聲(こゑ)、
　　　一番星(いちばんぼし)も光(ひか)り出(だ)す。

18. 즐거운 우리집

1 반짝이는 포플러나무 아래
  부엌 창가에서 어머니
  나의 귀가를 기다리고 있네
   서둘러 돌아오는 논길
   제비가 휙휙 날아가네

   2 살랑거리는 포플러나무 아래
    차가운 우물에서 형은
    흙 묻은 발을 씻고 있네
    여물을 보채는 소 울음소리
    초저녁별도 빛나기 시작하네

三 ゆらぐポプラの木(き)の下(した)の
　月(つき)のお縁(えん)でお父(とう)さん、
　昔話(むかしばなし)を話(はな)される。
　いつか小(ちい)さな妹(いもうと)は、
　かはいい寝息(ねいき)を立(た)ててゐる

3 흔들리는 포플러나무 아래
  달빛어린 툇마루에서 아버지
  옛이야기를 들려주시네
  어느새 어린 여동생은
  사랑스럽게 새근거리고 있네

一九　冬景色

一　さ霧(ぎり)消(き)ゆる湊江(みなとえ)の
　　舟(ふね)に白(しろ)し、朝(あさ)の霜(しも)。
　　　　ただ水鳥(みづとり)の聲(こゑ)はして、
　　　　いまだ覺(さ)めず、岸(きし)の家(いへ)。

二　烏(からす)鳴(な)きて木(き)に高(たか)く、
　　人(ひと)は畑(はた)に麥(むぎ)を踏(ふ)む。
　　　　げに小春日(こはるび)ののどけしや、
　　　　かへり咲(ざき)の花(はな)も見(み)ゆ。

三　嵐(あらし)吹(ふ)きて雲(くも)は落(お)ち、
　　時雨(しぐれ)降(ふ)りて日(ひ)は暮(く)れぬ。
　　　　若(も)し燈(ともしび)のもれ來(こ)ずば、
　　　　それと分(わ)かじ、野邊(のべ)の里(さと)

19. 겨울풍경

1 안개 걷힌 포구
  배에 하얀 아침 서리
    오직 물새 우는 소리만
    아직 깨지 않은 강변의 집

2 까마귀 울고 있네 높은 나무에서
  사람들은 밭에서 보리를 밟는다
    실로 따뜻한 초겨울 평온함이여
    때늦은 꽃도 보이구나

3 폭풍우 불어오니 구름은 떨어지고
  겨울비 내리고 날은 저무네
    등불마저 새어나오지 않았다면
    전혀 알 수 없었을 것을, 들판의 외딴 집

二〇　水師營の會見

一　旅順開城約(りよじゆんかいじやうやく)成(な)りて、
　　敵(てき)の將軍(しやうぐん)ステツセル
　　　　乃木大將(のぎたいしやう)と會見(くわいけん)の
　　　　所(ところ)はいづこ、水師營(するしえい)。

二　庭(には)に一本(ひともと)なつめの木(き)、
　　彈丸(だんぐわん)あともいちじるく、
　　　　くづれ殘(のこ)れる民屋(みんをく)に、
　　　　いまぞ相見(あひみ)る二將軍(にしやうぐん)。

20. 수사영의 회견

1 여순개성규약7 성사되어
  적장 스테셀8과
    노기 대장9의 회견
    장소는 어디던가, 수사영이라네

2 정원에 한 그루 대추나무
  탄환 흔적도 뚜렷하네
    허물어진 민가에서
    비로소 마주하는 두 장군

---

7 **여순개성규약**(旅順開城規約) : 러일전쟁 막바지인 1905년 1월 1일 여순 요새 수비군 사령관 스테셀이 군사를 파견하여 항복을 신청함에 따라, 다음날인 1월 2일 양국의 수장격인 러시아의 스테셀 중장과 일본의 노기 대장이 수사영에서 회견하고 상호 조인한 규약이다.

8 **스테셀**(Anatoliy Mikhaylovich Stessel, 1848~1915) : 여순의 수사영회담 에서 일본의 노기 대장과 독대한 러시아 장군

9 **노기 마레스케**(乃木希典, 1849~1912) : 러일전쟁에서 활약한 일본의 육 군대장이다. 청일전쟁에 보병 제1여단장으로 출정했으며, 1904년 러일 전쟁 발발 당시는 휴직 중이었으나 바로 소집되어 같은 해 5월 제3군 사령관으로 여순 공격에 참여하여 마침내 러시아의 항복을 받아내는 쾌거를 이루었다. 1912년 자신을 신임하던 메이지 천황이 사망하자 장 례일에 도쿄의 자택에서 부인과 함께 자결하였다. 러일전쟁 당시 연합 함대 사령관이었던 도고 헤이하치로(東鄕平八郞)와 함께 '해군의 도고, 육군의 노기'라 불리울 만큼 유명한 군부의 지도자이다.

三　乃木大將(のぎたいしやう)はおごそかに、
　　御(み)めぐみ深(ふか)き大君(おほきみ)の
　　　大(おほ)みことのりつたふれば、
　　　彼(かれ)かしこみて謝(しや)しまつる。

四　昨日(きのふ)の敵(てき)は今日(けふ)の友(とも)、
　　語(かた)る言葉(ことば)もうちとけて、
　　　我(われ)はたたへつ、彼(か)の防備(ばうび)、
　　　彼(かれ)はたたへつ、我(わ)が武勇(ぶゆう)。

五　かたち正(ただ)していひ出(い)でぬ、
　　『此(こ)の方面(はうめん)の戰闘(せんとう)に
　　　二子(にし)を失(うしな)ひ給(たま)ひつる
　　　閣下(かくか)の心(こころ)如何(いか)にぞ。』と。

六　『二人(ふたり)の我(わ)が子(こ)それぞれに、
　　死所(ししよ)を得(え)たるを喜(よろこ)べり。
　　　これぞ武門(ぶもん)の面目(めんぼく)。』と、
　　　大將(たいしやう)答(こたへ)力(ちから)あり。

3 노기 대장은 엄숙하게
　은혜 깊은 천황의
　　큰 뜻 담은 조서를 전하니
　　스테셀은 황송해서 감사하더라

4 어제의 적은 오늘의 친구
　주고받는 말도 마음을 터놓고
　　노기는 칭찬하네 러시아의 방어를
　　스테셀은 칭송하네 일본의 무용(武勇)을

5 자세를 가다듬고 말을 꺼내네
　"이번 전투에서
　　두 아들을 잃어버리신
　　각하의 마음이 어떠하시냐?"고

6 "나의 두 아들이 제각각
　값진 죽음이어서 기쁘다
　　이것이 바로 무가의 명예"라는
　　대장의 대답 힘이 넘치네

七　兩將(りやうしやう)晝食(ひるげ)共(とも)にして、
　　なほも盡(つ)きせぬ物語(ものがたり)。
　　　　『我(われ)に愛(あい)する良馬(りやうば)あり。
　　　　今日(けふ)の記念(きねん)に獻(けん)ずべし。』

八　『厚意(こうい)謝(しや)するに餘(あま)りあり。
　　軍(ぐん)のおきてにしたがひて、
　　　　他日(たじつ)我(わ)が手(て)に受領(じゆりやう)
　　　　せば、
　　　　長(なが)くいたはり養(やしな)はん。』

九　『さらば。』と、握手(あくしゆ)ねんごろに、
　　別(わか)れて行(ゆ)くや右(みぎ)左(ひだり)、
　　　　砲音(つつおと)絶(た)えし砲臺(はうだい)に
　　　　ひらめき立(た)てり、日(ひ)の御旗(みはた)。

7 두 장군 점심을 함께 하고
  아직 못다한 이야기
    "제게 아끼는 좋은 말(馬)이 있으니
      오늘의 기념으로 드리겠소"

8 "과분한 호의에 감사합니다
    군의 규정에 따라
      후일 저에게 넘겨지면
        오래도록 돌보고 기르겠소."

9 "잘 가시오" 정중하게 악수하고
    좌우로 헤어져 가네
      포성이 멈춘 포대에
        세워져 휘날린 일장기

二一　兒島高德

一　船坂山(ふなさかやま)や杉坂(すぎさか)と、
　　　御(み)あと慕(した)ひて院(ゐん)の庄(しやう)、
　　微衷(びちゆう)をいかで聞(きこ)えんと、
　　　櫻(さくら)の幹(みき)に十字(じふじ)の詩(し)。
　『天(てん)勾踐(こうせん)を空(むな)しうする莫(な
　か)れ、
　　時(とき)范蠡(はんれい)無(な)きにしも非(あら)ず。』

21. 고지마 다카노리(兒島高德)[10]

1 후나사카산[11]과 스기사카[12]

　　　천황의 뒤를 쫓아간 곳 인노쇼[13]

　자신의 본심을 어떻든 알리려고

　　　벗나무 줄기에 열 자(十字)의 한시(漢詩)[14]

　"하늘이 고우센[15]을 버리지 않았듯이

　언젠가 한레이[16]가 나타날 것이다"

---

10 **고지마 다카노리**(兒島高德) : 가마쿠라(鎌倉) 말기를 거쳐 남북조(南北朝)시기 남조의 초대천황으로, 재위 도중에 두 차례의 폐위(廢位)와 양위(讓位)를 거친 일본 제96대 천황. 가마쿠라막부를 넘어뜨리고 겐무신정(建武新政)을 실시했지만, 아시카가 다카우지에게 배반당하고 요시노(吉野)로 들어가 남조(南朝, 요시노 조정)를 수립했다.

11 **후나사카산**(船坂山) : 지금의 효고현(兵庫縣)과 오카야마현(岡山縣)의 경계 지역의 옛지명

12 **스기사카**(杉坂) : 지금의 효고현과 오카야마현의 경계 지역의 옛지명

13 **인노쇼**(院の庄) : 지금의 오카야마현

14 **열 자(十字)의 한시(漢詩)** : 이는 본문에 있는 10자의 한시 "天莫空勾踐、時非無范蠡"를 말하며, 그 의미는 '한레이(范蠡)'가 고우센(勾踐)의 충신이었던 것처럼 반드시 한레이 같은 충신이 있어 천황을 구하리라는 것을 천황도 알고 계실 것'이라는 의미의 詩이다.

15 **고우센**(勾踐) : 중국 춘추전국시대 월(越)나라의 왕

16 **한레이**(范蠡) : 월(越)왕 구천(勾踐)과 20여 년 간 모진 풍파와 고난을 함께한 중국 춘추전국시대의 충신

二　御心(みこころ)ならぬいでまし の
　　御袖(みそで)露(つゆ)
　　けき朝(あさ)戸出(と
　　で)に、
　誦(ずん)じて笑(ゑ)ますかし こさよ、
　　櫻(さくら)の幹(みき)
　　の十字(じふじ)の詩
　　(し)。
　『天(てん)勾踐(こうせん)を
　空(むな)しうする莫(なか)
　れ、
　　時(とき)范蠡(はんれ
　　い)無(な)きにしも非
　　(あら)ず。』

2 천황의 본심은 행차에
　　　몸소 이슬 맺힌 아침 문을 나섰을 때
천황께서 읊으시며 빙그레 웃는 현명함이여
　　　벚나무 줄기에 열 자의 한시
"하늘이 고우센을 버리지 않는 것처럼
언젠가 한레이가 나타날 것이다"

二二　水がめ

一　水(みづ)がめの水(みづ)の面(おもて)に、
　　有明(ありあけ)の雲(くも)の一片(ひとひら)、
　　　ゆれもせで、ゆれもせで浮(う)く。

二　水(みづ)がめの水(みづ)の面(おもて)に、
　　夜(よ)は更(ふ)けて星(ほし)のまたたき、
　　　ゆれもせで、ゆれもせで浮(う)く。

三　水(みづ)がめの水(みづ)の面(おもて)に、
　　かずかずの影(かげ)は宿(やど)せど、
　　　過(す)ぎゆけば、あともとどめず。

22. 물항아리

1 물항아리 수면에
  지다 만 달과 구름 한 조각
      흔들리지도 않고 흔들리지도 않고 떠 있네

2 물항아리 수면에
  밤은 깊어 별은 반짝이네
      흔들리지도 않고 흔들리지도 않고 떠 있네

3 물항아리 수면에
  수많은 형상이 머무르지만
      지나가니 흔적도 없네

二三　山內大尉の母

一　皇國(みくに)を護(まも)る　大任(たいにん)を
　　擔(にな)へる男(を)の子(こ)、
　　　　　　吾子(あこ)にして、
　　吾子(あこ)にはあらぬ　皇國(みくに)の子(こ)。
　　　　眞心(まごころ)　猛(たけ)き　丈夫(ますらを)と
　　　　育(そだ)てし母(はは)ぞ　健氣(けなげ)なる。

二　この母(はは)にして　この子(こ)あり。
　　死(し)してやまむの　意氣(いき)高(たか)く
　　笑(わら)ひて向(む)かふ　敵(てき)の基地(きち)、
　　　　旬容(くよう)の空(そら)に　火(ひ)と
　　　　燃(も)えし
　　　　　　海軍大尉(かいぐんたいゐ)　山
　　　　　　內(やまのうち)。

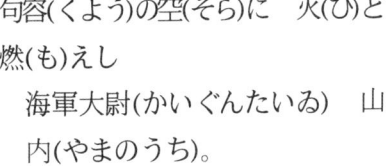

23 야마노우치(山內) 대위의 어머니

1 황국을 수호하는 큰 임무를
  짊어진 남아
      내 아들이지만
  내 아들이 아닌 황국의 아들
      참되고 용감한 대장부로
      길러낸 어머니야말로 장하도다

2 그 어머니에 그 아들이라네
  죽어서도 멈추지 않는 드높은 기상
  웃으면서 돌진하는 적의 기지
      구용[17] 하늘에서 생을 마감한
      해군 대위 야마노우치[18]

17 **구용**(句容) : 중국 강소성(江蘇省) 진강시(鎮江市)에 소재한 중일전쟁시
  의 격전지
18 **야마노우치 다쓰오**(山內達雄) : 중일전쟁 초기 도양(渡洋)전투에 참가
  하여 무공을 세운 공군 중위, 전사 후 대위로 추서됨

三　護國(ごこく)の華(はな)と　散(ち)り失(う)せし
　　わが子(こ)に代(かは)り　謹(つつし)みて
　　天皇陛下(てんのうへいか)萬歳(ばんざい)と、
　　　心(こころ)澄(す)まして　筆(ふで)執(と)りし
　　　武人(ぶじん)の母(はは)の　勇(いさ)ましさ。

四　月(つき)・雪(ゆき)・花(はな)も　よそ
　　にして、
　　達雄(たつを)が生命(いのち)　永(とこ
　　し)へに
　　　あるよと仰(あふ)ぐ　日(ひ)の丸(ま
　　る)機(き)。
　　　勝鬨(かちどき)あがる　軍國(ぐ
　　んこく)に
　　　　雄雄(をを)しき母(はは)の
　　　　名(な)ぞ高(たか)き。

3 호국의 꽃으로 산화한
   내 아들을 대신하여 삼가
   "천황폐하 만세!"하고
      마음을 가다듬어 붓을 든
         무인(武人)의 어머니 용맹함이여

4 달, 눈, 꽃도 아랑곳않고
   다쓰오의 생명 영원무궁
      하리라고 우러르는 일본전투기
         개가를 올리는 군국에
            용감한 어머니
               그 이름 숭고하도다

二四　四季

一　春風(はるかぜ)そよぎ
　　　　　野(の)すみれ咲(さ)ける
　　春(はる)のあした、
　　　　　たのし今(いま)
　　　　　　　春(はる)の日(ひ)や。

二　白百合(しらゆり)咲(さ)ける
　　　　　谷間(たにま)の流(ながれ)、
　　夏(なつ)のあした、
　　　　　たのし今(いま)
　　　　　　　夏(なつ)の日(ひ)や。

24. 사계

1 봄바람 산들 산들
　　　제비꽃 피어 있는
　봄날의 아침
　　　즐거운 계절
　　　　　봄날이여

2 하얀 백합 피어 있는
　　　골짜기의 시냇물
　여름날 아침
　　　즐거운 계절
　　　　여름날이여

三　秋風(あきかぜ)ふきて
　　　　取入(とりい)れすみて、
　　村(むら)の祭(まつり)、
　　　　うれし今(いま)
　　　　　秋(あき)の日(ひ)や。

四　ましろき雪(ゆき)は
　　　　ちらちらふりて、
　　山(やま)も里(さと)も
　　　　つもる雪(ゆき)、
　　　　　うれし冬(ふゆ)。

3 가을바람 불어
    추수를 마치고
  마을의 축제
    신나는 계절
      가을날이여

4 새하얀 눈은
    소복 소복 내리고
  산에도 마을에도
    쌓이는 눈
      신나는 겨울

二五　太平洋行進曲

一　海(うみ)の民(たみ)なら　男(をとこ)なら、
　　　みんな一度(いちど)は　憧(あこが)れた
　太平洋(たいへいやう)の　黑潮(くろしほ)を、
　　　共(とも)に勇(いさ)んで行(ゆ)ける日(ひ)が、
　來(き)たぞ、歡喜(くわんき)の血(ち)が燃(も)える。

二　今(いま)ぞ雄雄(をを)しく　大陸(たいりく)に、
　　　明(あ)かるい平和(へいわ)　築(きづ)くとき、
　太平洋(たいへいやう)を　乘(の)り越(こ)えて、
　　　希望(きばう)はてない　海(うみ)の子(こ)の
　意氣(いき)を世界(せかい)に　示(しめ)すのだ。

三　仰(あふ)ぐ譽(ほまれ)の　軍艦旗(ぐんかんき)、
　　　みよしに菊(きく)を　いただいて、
　太平洋(たいへいやう)を　我(わ)が海(うみ)と
　　　風(かぜ)も輝(かがや)く　この朝(あさ)だ、
　伸(の)ばせ　皇國(みくに)の生命線(せいめいせん)。

25. 태평양행진곡

1 바다의 백성이라면 사나이라면
　　모두 다 한 번쯤은 동경하는
태평양 구로시오를
　　모두 함께 용감하게 나아갈 날이
왔도다 환희의 피 용솟음치네

2 지금이로다 용감하게 대륙으로
　　진정한 평화 구축할 때
태평양을 헤쳐 나가
　　희망이 끝없는 바다의 아들
기개를 세계에 내어보이세

3 우러러 명예로운 군함 깃발
　　뱃머리의 국화문양9을 받잡고
태평양을 우리 바다처럼
　　바람도 찬란한 오늘 아침!
넓히세 황국의 생명선

19 일본 천황가의 상징

四　遠(とほ)いわれらの　親(おや)たちが、
　　　　いのちを的(まと)に　打(う)ちたてた
　　太平洋(たいへいやう)の　富源(ふげん)をば、
　　　　更(さら)に探(たづ)ねて　日本(につぽん)の
　　明日(あす)の榮(さかえ)を　擔(にな)ふのだ。

五　潮(しほ)と湧(わ)き立(た)つ　感激(かんげき)に、
　　　　しぶきをあげて　海(うみ)の子(こ)が、
　　太平洋(たいへいやう)に　船脚(ふなあし)を
　　　　揃(そろ)へて進(すす)む　ひびきこそ、
　　興(おこ)る亞細亞(あじや)の　雄叫(をたけび)だ。

4 먼 옛날 우리 조상들이
　　목숨 바쳐 일으켜 세운
　태평양의 부의 원천을
　　다시금 찾아서 일본의
　미래의 영화를 짊어지세

5 조수처럼 용솟음치는 감격으로
　　물보라 일으키는 바다의 아들이
　태평양으로 뱃머리를
　　정렬하여 나아가는 울림이야말로
　흥아(興亞)의 우렁찬 함성이로다

昭和十六年三月二十八日飜刻印刷
昭和十六年三月三十一日飜刻發行

司歌五半
定價金十六錢

著作權所有　著作兼　朝　鮮　總　督　府
　　　　　　發行者

京城府大島町三十八番地

飜刻發行　朝鮮書籍印刷株式會社
兼印刷者

代表者　井　上　主　計

京城府大島町二十八番地

發　行　所　　朝鮮書籍印刷株式會社

찾아보기 일본어

찾아보기 한글

■ 편역자소개 ■

김순전 金順槇
소   속 : 전남대 일문과 교수, 한일비교문학·일본근현대문학 전공
대표업적 : ①저서 :『韓日 近代小說의 比較文學的 研究』, 태학사, 1998년 10월
                外
            ②저서 :『일본의 사회와 문화』, 제이앤씨, 2006년 9월 外
            ③저서 :『식민지조선 만들기』, 제이앤씨, 2012년 11월 外

사희영 史希英
소   속 : 전남대 일문과 강사, 일본근현대문학 전공
대표업적 : ①논문 :「식민지하 敎師養成과『師範學校修身書』研究」,『日本語文
                學』제36집, 한국일본어문학회, 2007년 2월 外
            ②저서 :『「國民文學」과 한일작가들』, 도서출판 문, 2011년 9월 外

박경수 朴京洙
소   속 : 전남대 일문과 강사, 일본근현대문학 전공
대표업적 : ①논문 :『普通學校國語讀』의 神話에 應用된〈日鮮同祖論本〉導入樣
                相」,『日本語文學』제42집, 日本語文學會, 2008년 8월 外
            ②저서 :『정인택, 그 생존의 방정식』, 제이앤씨, 2011년 6월 外

문현일 文賢一
소   속 : 전남대 일문과 객원교수, 일본어학 전공
대표업적 : ①논문 :「日本語の連體修飾構造に現れる「トイウ」の用法分類と各
                用法間の關係」『日語日文學硏究』40집, 한국일어일문학회,
                2002년 2월 外
            ②저서 :『기초일본어』, 보고사, 2011년 8월 外

장미경 張味京

소   속 : 전남대 일문과 강사, 일본근현대문학 전공

대표업적 : ①논문 : 「조선총독부 발간 『여자고등보통학교수신서』의 여성상, 『日
本學硏究』 21집, 檀國大學校 日本硏究所, 2007년 5월 外

②편저 : 『學部編纂日語讀本上・下』, 제이앤씨, 2010년 7월 外

박제홍 朴濟洪

소   속 : 전남대 일문과 강사, 일본근현대문학 전공

대표업적 : ①논문 : 「日帝末 문학작품에 서사된 金玉均像『청년 김옥균』「배안
에서」『김옥균의 死』를 중심으로」, 『日本語敎育』 48집, 한
국일본어교육학회, 2009년 6월 外

②편저 : 『朝鮮總督府編纂訂正普通學校國語讀本原文 上・下』, 제이
앤씨, 2010년 7월 外

김서은 金瑞恩

소   속 : 전남대 일문과 대학원 박사과정수료, 일본근현대문학 전공

대표업적 : ①논문 : 「마스무라 야스조(增村保造)영화로 「치인의 사랑(痴人の愛)
과 만지(卍)읽기」, 『日本文化學報』 제43집, 韓國日本文化學
會, 2009년 11월

②논문 : 「가와바타 야스나리의 영화체험과 『雪國』의 영화적 재해석」,
『日本語文學』, 제53집, 韓國日本語文學會, 2012년 6월

일제강점기 조선총독부 편찬

초등학교 〈唱歌〉 교과서 대조번역 (中)
『みくにのうた』・『初等唱歌』

초판인쇄 2013년 7월 15일
초판발행 2013년 8월 1일

편 역 자 김순전・사희영・박경수・문현일・장미경・박제홍・김서은
발 행 인 윤석현
발 행 처 제이앤씨
등록번호 제7-220호
책임편집 이신・김선은

우편주소 132-702 서울시 도봉구 창동 624-1 북한산현대홈시티 102-1106
대표전화 (02) 992-3253(대)
전   송 (02) 991-1285
홈페이지 www.jncbms.co.kr
전자우편 jncbook@hanmail.net

ISBN 978-89-5668-966-1 94190
     978-89-5668-964-7 (전3권)   정가 45,000원